성춘복

詩전집

成春福

전집을 엮으며

여기저기 흩어져있던 성춘복 시집 21권을 모아 전집으로 엮는다. 65여 년의 문단활동 중 주변인들 챙기기에 동분서주했지만 정작 본인을 위해서는 욕심 부린 흔적이 없어 아쉬웠다. 손수 그린 그림을 넣은 시집 『십삼월의 뜰』 발간으로는 미진하여 전집을 기획하였다.

초창기의 절판된 시집을 찾고 입력하느라 시간이 오래 걸렸다. 마침 올해 미수를 맞은 시인에게 뜻깊은 일이라 여겨 박차를 가해 『성춘복시전집』이 세상의 빛을 보게 되었다.

워낙 분량이 많아 지면을 줄이느라 중복된 작품의 경우 뒤엣것을 삭제했고 최대한 본인의 의도를 살리면서 오탈자는 수정하였다. 한 권으로 담기에는 부담스러워 1, 2권으로, 장정도 처음 계획한 양장본을 무선철로 소박하게 대체했다. 성춘복 시에 관심이 있는 이들에게 알찬 자료가 되었으면 한다.

이 작은 결과물이 신선의 반열에 접어든 노시인에게 드리는 마지막 선물이라 여겨져 내심 안타깝다. 한마음으로 격려의 박수를 보내주시리라 믿는다.

2023년 명륜동 초본당에서

엮은이 우희정

13. 마음의 불

14. 부끄러이

15. 그림자놀이

16. 내 안 뜨거워

17. 봉선화꽃물

18. 길 밖에서

20. 13월의 뜰

21. 여든의 하루를 사는 법

13.

마음의 불

책머리에

열세 번째의 시집이다. 1998년의 『혼자 사는 집』 이후의 작품이 대부분이다. 근작에 속하는 몇몇 작품은 미처 발표를 하지 못한 것도 들어 있다.

이태 동안 열심히 썼다. 많은 곳을 돌면서 애써 작품을 구상했다. 고구려의 옛 땅을 밟으면서 얻은 것도 있고, 지상의 가장 아름다운 자연을 찾아 석림(石林)과 여강(麗江) 등지를 지나며 쓰게 된 것도 있다.

나이 들면서 늦게나마 깨달은 것의 하나는, 시는 짧아야 하고 감흥스러워야 한다는 사실이다. 그러나 절제미를 빚는 능력이 미숙하여 부지런만 피우고 있는 듯싶다.

'꽃빛'과 '봄날'이 젊음의 장(章)이라면 '노년'과 '몽유'의 장(章)은 오늘의 내 형편이다.

크게 꾸짖어주시기 바란다.

새즈믄해의 늦은 때에

상남재에서

성춘복

그리움

애닯기로 말을 하면
아니지, 그렇지 않다고 한들
그도 부질없는 일이거니

애써 그대를 바라다가
나를 묶어둘 순 없어
잠시잠깐 나들이를 해보지만

속은 타서 재가 되고 마는
내 기쁨의 사그라듦
검정숯으로 굳어갈밖에

사랑아
비록 뉘우침을 앞세운다 한들
난 어쩔 도리가 없구나.

들불

들불 일어
이내
산으로 옮아 붙는다

나를 태워
재로 사그라들게 하는
서글픔은 무엇이고

너를 좇아
바삐 떼어놓는 내 걸음은
또 무엇인가

숲 사이를 돌아
문득 가을 앞에 섰을 때
나도 꺾인 화살의 기러기 되고 마는 것을.

함께 숲을 보며

그 누구도 모르게
널 훔쳐보다가

들킨 듯
부끄러운 입맞춤

마른 가슴 적시는
간음(姦淫)의 어여쁨이사

두려움보담 눈이 더 부셔
늘 나는 이 봄을 운다.

내 춤을 네가 본다면

아득한 여름이 보인다
봄 지나 다가서는 후박나무
그 밑의 도타운 그늘이 보인다
시원한 바람이라도 불어
넉넉한 품의 옷이라도 챙기면
나도 춤을 출 수 있을 것 같다

예쁘기 한량없는 너를
당겨 내 앞에 앉히고
뜨겁고 따사로운 버선발로
네 가슴에다 불도장을 찍는
내 춤을 너에게 보이고 싶다

발 뻗고 오금 늘려
뙈기땅이라도 얻게 되면
힘껏 너를 밟아 딛고 서서
소리쳐 내 사랑을 자랑하는
이쁘둥이, 나의 사람아

손 들어 팔을 흔들고
구름 조각으로 비를 쏟게 하면
다른 손도 나부껴
하늘 한 자락 접붙고
별의 나라로 너를 끌어당기겠건만

오, 사랑이여
내 춤을 네가 일으켜
고르지 못한 내 숨 가지런케
네 귀에 담아 쌓고
너를 내 가슴 속에 다독여
내 곁에 다소곳 눕게 하리라.

가오리연

오늘도 나는
하늘 높이 너를 띄운다
외등에 비쳐 희미해진
그러나 유난스레 긴 꼬리의
넓혀 이승을 닮은 나를 추스른다

등이 몹시 가려워
감개발로 쐐기를 치게 하고
금꼭지라도 꼬박이게 긁어야 하는
얼레의 망곳살

어느 하늘에
무슨 별들이 뿌려졌는지
쏜살같이 더듬고 다녀
외롬같이 소리칠 일들

그런 기운으로라도
내가 이 땅에 발을 붙이고
내가 흩어지고 무너지는 소리
흔들려 쓰러지는 모습이라니.

지난여름은

도타운 후박나무 밑의
그늘 같은 바람을 만나
차곡차곡 땀방울 훔치던
마른 장마때의 흔쾌함이라면

그보다는 한량없이 그리운
내 발자국들 앞에서
곡예 같은 재롱 부림이나
가슴에 혹 눌러찍는 불도장처럼

한껏 살가움을 펴서
너에게 있는대로 다 드러내고
모자람 없이 퍼담던 지난 봄날
돋보기로 낱낱 짚어보는 그 기꺼움

그게 어딘지, 그게 또 누군지
지나온 길의 아득함보다 눈은 아려
내 그림자 곁에 두고 허방만 짚어대는
이방의 내 습성.

등산길

파란 싹들이 트기 전으로
아직은 벌레소리가 들리지 않는다
봄은 노랫가락 같은 길을 펴서
나를 산길로 유혹하지만

숨찬 병에 쫓겨
가끔 기침도 쏟는데
한숨이 내 가슴보다 더
앞질러 달아오른다

내가 밟는 낙엽소리에 내가 놀라
산새들이 치솟아 오르나
늘 버리며 산다는 내 입단장에
봄은 으레 가뭄만 든다

가뭄의 그 가슴으로
내 안의 나조차 가늠 못 하는
아침 등산길
귀먹은 산에 나는 마냥 푸념만 해댄다.

한 천 년을 그녀와 함께

-「청조(靑潮)」 10년에

누가 세월을 일러
흐르는 물과 같다 했는가

제 나이조차 제대로 헤지 못하는
나를 두고 푼수라 한다지만
한 10년만 '저런 여자'와 함께
살아봤으면 하던 그그저께

그런 10년 후딱 지나가고
어찌 어찌 옭혀 살아낸
저 이쁘둥이 내 아낙아
천 년쯤 다리 걸고 살아야 직성이 풀리지

그래서 투정까지 정나미로 여겨
넋두리도 어리석음도 곰살궂은 가시나임을
내 고향 바다, 그 푸르고 짠 너울을
마르고 닳도록 살피고 되씹는 품을 알거니

늘 젊어 쏟아지는 물줄기로
그 젊디젊은 삶을 곰살게 하는
다시 십 년의 몇 번과 몇 곱을 더해서
술술 풀리는 세월을 만들어 가시고녀.

사랑의 내 어머님

사랑할 일밖에는
할 노릇이 더 없다는
어머님 뒤에 붙어서
나도 눈이 먼 세상을 훑어봐야겠다

더러는 눈물 쏟는 일들만 챙기시고
때로는 어리석음 골고루 섞으시어
마음 밖
엉뚱한 데 흉허물을 묻으신다

그러나 그 잔정들 고루시어
몫몫을 다 나눠야 비로소 느긋하신
내 어머님 사랑
닮을 길이 없겠네.

기와 조각

- 고구려 시편 · 1

무더위 흩으려고 넘은 국내성
지나 환도산성 멀찌감치
비탈진 내 나라를 찾아나선다

간밤의 내 키보다 웃자란
옥수수밭을 한없이 훑으며
빗소리에 허리까지 굽혀
이승의 손을 헹구면

붉은 기와 조각
암키와 틈새에 낀 빗물로
내 가슴을 씻어내린다
우뢰와 천둥소리 같다

손아귀에 깊이 들려져
즈믄 해도 더 넘게 땀방울 흘리는
세월의 짠내에 절였다가
오히려 내게서 다시 깨어나는 저것.

남행열차

- 고구려 시편 · 2

북역(北驛)에서
기차에 오른다

243열차 압록강호
다리가 부러져 강을 넘진 못해도
두 팔로 거뜬히 노를 젓는다

신의주의 맞은쪽
안동인가 단동인가

연좌석 16번에서
옛 고구려를 보노라면

바깥은 비에 젖고
나는 차창 안에서 딸국질이다

어둠 속에 움츠렸던 해바라기꽃
머리를 한껏 돌려 나를 따른다

내 천 년의 꿈을 쫓기 위해
남행열차가 수수밭을 달린다.

무방향의 나름
- 고구려 시편 · 3

옥수수밭에 길을 놓는다
무방향의 버드나무들 또한
짧게 머리를 깎아서인지
남과 북, 동과 서로 다 내리고
딱하다는 듯 고개만 흔들어댄다

천지는 이미 수확의 빛
부끄럼 또한 많아서
잘 빗어 넘긴 수염들조차
내 발자국을 쓸어 담고
건너 띄어야 할 낯선 땅을 가리킨다

옛날도 아주 옛적
우리가 버린 그 성터
혼자 달리는 이 길
이녘까지 물어서 온 내 어리석음이
눈물의 저들을 구슬리고 있다.

돌다리
- 고구려 시편 · 4

방금 떨어져 나온 듯한
돌 하나를 주어
개울 가운데 징검다리로 놓는다

한 발 내딛은 다음
강이 터놓는 1천 년의 세월을
쉽게도 밀어 난 물을 건넌다

뙤약볕은 더없이 따갑고
내 땅을 태우고
불붙이는 길로 나를 인도한다

긴 여름해에 등허리는 말라붙어
훨훨 하늘을 날고프다
저승의 나라에 쉽게 가 닿게.

녹강(綠江)에서의 하루
- 고구려 시편 · 5

붉고 붉은 해 하나
아카시아 꽃그늘에 솟는다

끊어진 철교 옆
압록강의 섬 위화도

어제는 분명 물 가운데
오늘은 내 손 등에 올려져

무릎을 꿇고 빌고 있다
나와 더불어라며.

집안(集安)을 향하여
- 고구려 시편 · 6

하룻밤을 달려
드디어 고구려에 가 닿았다
장마 속의 늦더위를 몰아
어둠은 내내 옛 땅을 묻으려 했고
요람을 탄 나는
마구 흔들려 까무라칠 뻔했다

지금은 남의 텃밭이 된 국내성
널브러진 장터의 귀퉁이에 몰려
낡은 샘에 넋을 빠트렸는지
삭아 흐트러진 돌무덤과 어울려
깊은 잠에 들었다

밤과 낮
향방도 잃어버린 호태왕 또한
내 꿈 안에 들어와
해바라기꽃들이 저어대는 고갯짓에
장단을 맞춘다

나도 덩달아 몸을 튼다.

돌무덤
- 고구려 시편 · 7

돌로 쌓으면 죽음도
다시는 일어서지 못한다

오랜 잠에 들었다가
거듭 꿈으로 짓눌려
아무렇게는 아니 보이는
하찮은 돌들의 시간

달개비꽃도 달맞이꽃도 있으나
그러나 건건이가 갖는
하늘 푸름만 지키다가
드센 강아지풀의 몸놀림에 놀란다

드디어 손을 내젓는다
내 할아범의 하품을 받아내며
나를 불러대는 아주 옛적의 그것을.

보리(菩利)에게
- 고구려 시편 · 8

죽어지어
죽어지어
열 번도 더 죽어지어

넓은 하늘 덮는
일만 리의 큰 날개
한 마리 새 되어

네 사랑의 원수를
내가 갚아주는
주검이 되어…….

사다함(斯多含)

- 고구려 시편 · 9

바람이 분다
느닷없는 일

그대 앞엔 서지 않고
물너울로 건너뛰어
나를 떠다밀지만

내 마음 한정 없고
너를 만져보아
비로소 나를 알아보는 이 날.

고향으로 돌아와

- 고구려 시편 · 10

오랜만에 돌아와 자리에 앉는다
내가 태어나 자랐고
죽어 내가 누울 곳으로

손수 만든 내 주검의 관도
바른 햇살에 여러 차례 매만졌고
쉽게 잠드는 법도 얼마든 익혔다

내 아버지가 그러했듯
아이들이 보는 앞에서
옷 갈아입고 입내음 가시는 법을
그렇도록 반듯이 잠버릇 다지노라면

흩어지는 소리는 없고
부서져 흔들리는 파도도 사라져
그저 편함과 안온함을 알게 된다

눈 감으면 되레 밝아지는 세상
내 어리석음도 또한 맑아져
긴 그림자와 나란히
나는 포개어져 하나가 된다

지난 시간과 나날들
편히 접어두는 팔다리
고향맛에 느긋이 나는 취하여 있다.

다 저문 날에

다 저문 때인지
날은 벌써 이슥했다
물론 나도 어두워갔다

찻집은 비어 설렁했으며
어디로 보건 거리도
같아 보이는 시간에 나는 서 있다

속은 또 얼마나 시린지
몇 굽이 강은 돌고 돌아
어지러운 모습에 숨을 죽였고

나는 늘 생가슴으로 살아
작은 여울도 낮과 밤으로 나눈다
우리들의 넘어야 할 길을 셈하듯이.

가벼워지기

병은 깊어 몸이 줄었습니다
머리 속도 비어가서
몇 살 안 되는 아이로
무척 가벼워졌습니다

티 없이 순진했던
그러나 다져 무거웠던 재물
언제나 고단한 빛깔의
허물도 짐이 되어 흩고 싶은 것

두 손 다 쳐들어 긁어대는
높은 담, 아득한 터
밤하늘의 어둔 별과 달까지
모두 내려놓아야 했습니다

나이 들면
확신도 무력증도 그러하고
관절의 속속마저 비우고 싶은
편안의 앞장에 나를 세우려 합니다.

그게 어딘지

돋보기를 찾아야만
새벽별이 보이는
내 시력은 이제 밤중이다

곁에 두고도
늘 아내를 찾아 나서는 사람들의
답답증이 어딘지 몰랐는데

지난여름 그 무더위
후박나무 그늘도 편치 않아
늘 불도장만 가슴에 얹고 살았다

백 번이고 천 번이고
등허리밖에는 가려움이 없던
불쌍한 내 살림

그게 어떤 것인지
영영 나는 깨치지 못하는
어리석음만 안고 살았다.

놀람

타다 만 노을의
얼마 남지 않은 하늘을
꽃구름으로라도 지키듯

젊어서 잘 달리던 길
밑이 다 드러나 보이게
아무런 것 아니라며 내치지만

낯선 땅을 겉돌며
가끔 눈물도 훔쳐
내가 무너지는 소릴 듣게 되면

그래서 자꾸 놀라는지
별들조차 처마 끝으로 쫓겨나
갈 곳 없는 세상만 떠도는 것을.

저승에서 너는

새까맣게 타버린 쥐똥나무 곁으로
한 뼘은 좋게 자라오른 겨울 해
추운 어깨 위에 쏟아부으면
이 바람이 언제 봄꽃이 될는지
너는 마냥 걱정스럽다 했다

꽃철도 웬만큼은 지나
철쭉까지 다 이운 다음
드디어 오동나무 끝가지가
보랏빛 꽃대궁을 달아
촛불을 밝힐 즈음

밤하늘에 늘 별들이 차듯
치자꽃 내음 세상에 가득 들이차면
빈 찻잔엔 내 기침소리 가득하고
그땐 너도 돌아올 듯싶다

꿈이라도 한껏 부풀고
내 어깨 너머로 네 손이
아니, 내가 그 손을 잡을 무렵
넌 다음 해의 톱니를 타고
저승에서 나를 부르고 있을 테지.

나는 생각한다

나는 생각한다
밤마다 침대보에 쏟아내는
수없는 검은 별
휘파람 같은 쓸쓸의 속내들

흐물거리던 마음은 녹아
자리엔 오줌싸개의 부끄럼
버릴 것도 몸에 묻히며 뒹굴다가
더는 덧보탤 수도 없게 되고 말 일

잔뜩 소금내 뒤집어쓰고
동네방네 외고 싸돌며
헐값이라도 좋을 이 몸뚱이
돌이켜 나는 자랑한다

목이 갈라지는 울음소리와
퇴행성 관절이 아우성쳐대는
춤바람까지 깔고 누워
스스로 쓰잘 데 없는 것이 될 때를.

인생에서 얻는 것

결코

좋은 것만 얻어

가질 수도 없는

황당함이라니.

객지(客地) 속으로

애시당초
낯선 곳에서 나는 태어났다
원적인지 본적인지 모를
고향이라는 이름의 나를

할아버지의 무덤이 퇴색된
혹은 아버지의 젊은 날로 묻힌
그런 곳에서 자신도 모르게
나는 나의 어머니에 태생했다

이따금 팔목 붙들려 끌려나가
너부죽 엎드려 절하고 나면
정확한 출생지가 되고 마는
그런 곳을 쉽게도 기록했고

기억에는 별로 있지 않으나
현주소를 적다 보면
반드시 내가 태어난 듯싶은
거기, 큰 소리 한 번 쳐본 곳

분명히 산 설고 물 선
객지를 나의 시발점으로
나는 나의 뿌리로 한다
늘 나를 객지로 간수한다.

벗은 나무로 서서

삽삽이
온몸 털어내고
겨울 초입에 섰습니다

알몸으로
낡은 돌무덤에 기대어
먼 산등성을 이웃으로 지킵니다

철 모르는 개나리의 춤이나
사철 푸른 소나무의 느긋함을
눈여겨 바라보며

다음 해는 결단코
더 푸르고 아름답게
등대 같은 꿈을 일으키지만

한두 잎 남은 것
바람 한 점 없는 대낮에도 우는
마른 낙엽에 나는 떨고 맙니다.

신생아(新生兒)

아가야
오늘은 기분이 참 좋구나
네가 이 세상에 온 기적보다
너를 내려다보는 재미
아무 할 일이 없는 나에게
나와 함께 이 땅에 있어야 하는
큰 잘못을 나눠 가진다는 통쾌함
그놈의 기분 때문에
나를 또 타이를 수 있구나

아주 엉뚱한 꿈을
너의 이마팍에다 붙여놓고
전혀 욕심 없는 네 아랫도리를
내 욕망의 꿈으로 챙기는
단순한 행복감, 만족감
그놈의 기분 때문에
다시 너에게 내가 말을 건넨다.

봄이 오는 길목

배에 올랐을 때
겨울은 채 끝나지 않았다
안개 속을 한참 떠내려
어지럼증에 몸을 떨 즈음
절벽만 바라고 달리던 우리
봄빛 밝은 데로 배를 밀어붙였다

드디어
수유꽃이 튀쳐올랐다
유채꽃도 같은 빛깔의 걸음
띄엄띄엄
복사꽃도 물가로 내려섰다

물 한가운데
봄이 오는 불길이 치솟았다
좀은 추위를 잊은 듯했으나
느닷없는 기운이
우리를 한꺼번에 들레게 했다.

봄날의 들녘

늦은 봄의 하루
또 철 잃은 바람 앞에서
떠도는 풀씨를 본다

큰 키의 버들
큰 키의 미루
민들레도 높은 우산을 받쳐든다

아주 열심히
허공을 날아서
들녘 그득히

이 봄의 들녘을
토막낸 내 음절을
둥 두둥 띄운다

솟구쳤다 고갤 숙이고
숙였다간 다시 솟구치는
내 봄날의 꽃씨를.

새벽에

아직은 입김이 서리는
새벽창 유리를 닦으며
갓밝이에도 붉은 동백꽃을 바라보고
내 안에 드러누운 추운 밤을 긁는다

봄빛의 살가움이사 그렇다 치고
경칩의 땅에다 귀를 들이대는
그래도 얼마 안 있어 후박나무 그늘이 아쉬워
시원스런 바람이라도 부르는
내 성급함을 편안으로 들앉히려 한다

청명 좀 못미쳐
내 가슴에다 불도장 찍고
스스로를 늘 느꺼워하며
꽃쌈질을 푼수없이 해대는 3월
환히 나를 달뜨게 한다.

나도 봄꽃

봄꽃들 다 지겄다
이 비에
꽃잎들 다 쓸리겄다
이 바람에

춥고 어둔 터널 끝에서
나를 묻어야 하는
삶이 무덤의 시작임을 깨우쳐야
울음의 강에서 섬을 얻을 수 있는

그런 날의 저문 때에
몸 식혀 비로소 가슴 쓰다듬는
짧은 봄날의 세상

그게 어딘지
난 아직도 해매고 있다.

춤이라도 추려 하니

민망해라
아무래도 가던 길
돌아서야 하겠다
담배라도 다시 피워 물어야지

말끔히 속 씻어줄 것 같은
아니지, 아니지
의자에 몸 움츠러뜨리고
깜쪽같이 나를 숨겨놓아야지

갈 데 없어
정명(定命) 같은 갈림길에 나앉아
넋두리나 깔아놓는
늙음을 뿌리쳐야 하는 신세

젊은 몸값 다 치르고
꽃값으로라도 셈을 해야 하는
내 춤의 내력
내 살아 있음의 본 보이기.

아스라이

산수유꽃
노오란 우산꽃꼴의 잎

개나리에 쥐똥나무에
한결같이 치자꽃 내음이라니

봄의 흉내
흩뿌려지네

봄의 빛깔
튕겨져 나오네.

병색(病色)

오늘도 배가 아프다
왠지 모를 고픔 같은 아픔
어제의 바로 그 시각에
그런 상황과 그런 조건
늘그막에 얻은 내 사랑 같다

그제의 아픔을 나는 닮는다
놀라움 같은 나의 발견
언제 내가 몹쓸 병으로
아주 죽을지도 모르리란
억척이다. 나의 진단이다.

그런 아침의 안개비

가슴 속인 듯
는개비 자욱이 내리다가
소소리바람에 가랑비가 되고 마는

그런 아침의 안개비는
봄날의 개울물 여는 소릴 흉내내다가
언뜻 젖은 나무로 몸 일으키고

겨우내 속을 앓아
검붉게 태운 몸피의
개살구나무로라도 살아남기 원하지만

더 깊숙한 마음인 듯
끄느름한 가랑비 가운데
길을 헤쳐 내 봄을 일으킬 수 있거늘.

이 가을

이 가을
들녘은 불에 휩싸이고
나는 외롭게도 섬이 된다

길은 다 지워져
다른 섬을 향하여
때늦은 손짓도 해보며

몸을 나눠보다가
말을 던져보다가
시늉이랑 다 해보건만

타지 못하는 잉걸불로
가을은 피어나서
서릿발로 굳어간다.

편지

이 눈발 멎고나면
까치집 야윈 그늘은 짙어져
살구꽃 복사꽃이 될 테지

목련이며 벚꽃들
세상 환히 밝히는
아기 잎새들의 춤도 되고

날개를 달고 저 세상에 가 있다가
찬란한 우리들 산천을 물들이는
연두빛의 아름다운 나무

비록 지난 해의 몹쓸 한 철을
닮고 빼어난다 한들
눈발 흩날려 굳히고
다시 얼음강으로 흐르게 하는

큰 물줄기 넘치는 강
큰 바다를 바라는 마음이
내 고향 같다는 것쯤
우린 다 알고 있지

계절의 오고감을
아무도 막진 않겠지.

청량사

삿갓을 들어
한 뙈기 땅을 얻은
작은 산의 한 절터

내가 나서면
어김없이 비를 만나는
봉화의 청량산

꼭꼭 숨어 머리칼 감춘
그만저만의 기와 조각들
인연의 길로 애써 밟고

다람쥐도 날로 공양을 하는
웃음꽃 저 부처님
나도 당장 신선되게 기도한다

열두 봉우리의
주인들은 늘 당당하지만
나는 늘 주눅이 들고

주눅이 들어 키를 낮추다가
이따금
스스로 세상 밖을 눈짓한다.

이틀 밤과 사흘 낮

- 미얀마 · 1

연 사흘을
금빛의 탑 아래서
찬연한 꿈을 꾸었습니다

종탑 아래서는 늘
맨발이어야 지극해진다고
믿음의 내 가부좌는 공양이 되었고

얕은 담장 몇을 건너
한량없이 내닫는 내 천성(天性)의
행적(行迹)도 잘 이어지는 곳이었습니다

나는 지금도 꿈속입니다
금빛의 꿈자락에 나를 묻고
나는 황금 덩어리가 되어갔습니다

이틀 밤과 사흘 낮
낯선 길을 천방지축 달려
맘껏 치솟는 몸값이 되었습니다.

행걸(行乞)
- 미얀마 · 2

맨발의 동자승 몇이
밤중에 쏟아부은 소나기를 밟고
골목을 돌다가 희죽희죽
입이라도 서로 맞추듯 염불을 왼다

한 줄금의 새벽바람은
어디로 가 기어드는 듯하더니
환한 햇살이 되어 거리를 휩쓴다

아기중들의 얇은 발자국 앞에
너부시 나도 절을 놓으며
가지런히 손을 묶는다

'나무관세음보살'
'나무관세음보살'

금탑의 절

\- 미얀마 · 3

알록달록한 구름떼가
한 줄금의 비로 내려꽂히면

비와 비 사이
탁발승 두엇 지난다

뒤를 이어
어린 니승들

손금들 보며
제 시간을 맞추러 들면

내가 찾은 이곳
미얀마의 금탑 절들

이미 밤으로 이슥해
큰 별처럼 반짝인다.

돌 · I

- 석림(石林)

거기 무덤들이 있지 않던가
태어나지도 못한 채
굳은 시늉들만 포개놓아
나를 빤히 건너다보며
사설을 늘어놓지 않던가

가닿을 수 있는 거리라며
발걸음을 끌어다 앉히고
어지러운 모양새를 가르친 다음
손을 뻗거나 짝을 맞추게 하여
어깨바람 엇구수하게 뽐지 않던가.

많이는 표나지 않게
앞뒤 맞춰 층층으로 쌓은 앞에
늘 내가 하는 버릇대로
활개쳐 맘껏 자유케 하는
저 울금색의 나무들

와, 와
무덤들이 쏟구쳐 일어나서
좋은 것들의 모든 징표로
살아 있음을 자랑해 보이는
마음의 내 고향을 세워주지 않던가.

돌 · II

– 석림(石林)

완강하게도
내가 내어뿜는 날숨을 받아
똘똘하게 들숨으로 들앉히는 돌들

으깨진 바람이나 햇살 따위
등 대고 늘어선 나무들까지
이제는 삭아 깜깜해져버린
내 안의 어리석음까지 흉내 내고

더할나위도 없이
처참한 것을 구걸하는
부끄러움도 모두 들부수어
내 모습답게 굳히다니

아, 어쩔거나
별것 아니라 감싸들이며
달싹도 못하게 고집하는
딱딱함으로 굳힌 내 신세라니.

돌 · Ⅲ

– 석림(石林)

꽃잎들 진 자리에
꽃대가 섰다
저보다 키가 더 멀쭉한
바위들을 보라고 한다

마른 자줏빛
피멍 든 꽃잎들
속이 얼마나 타는지
하늘만 쳐다보지만

마음을 둔 지
수천만 년
눈과 귀도 까맣게 태운
내 가슴의 무게

까닭은 묻지 말자
낮은 키를 나무라는
속 검은 단단함의
아우성이 들리지 않는가.

돌 · Ⅳ

– 석림(石林)

돌 하나를 주었지
흔하게 마음껏 뒹구는
무더기 가운데의 하나를

어젯밤에 갑작스레 흘러내리던
내가 지켜야 할 그 떠돌이 별
아직도 내 품엔 따뜻하건만

작으나마 깊은
골짝도 있고 둔덕도 높은
물길 빠른 골짝의 활활 타는 별

이제 이 땅에 바다를 일궈
드넓게 내 앞에 드러눕는
개펄의 저 스스러움

나는 드디어 내 안에서 녹아
모서리를 빚고 조각을 이뤄
조금씩 나를 굳히는 짓이나 해야지.

촌가원(村家院)을 지나서

다락밭으로 푸르른 산속마을을 지나자면
묵은 집들의 텃밭으로 나앉은
복사꽃들도 나와같이 종종걸음이다

희뿌연 하늘자락을 닮아가는지
복사꽃을 내리붓는 오르막길엔
흙벽에다 검은 기와가 총총해서
흩어진 조선소나무가 외려 모양스럽다

따순 입김들 뿜어내며
한참을 더 달려 나가노라면
건넌산 눈 덮인 지붕이 다가와
멀고 먼 서역길도 금세 닿을 성싶다

웬만큼 더 가다보면
내 종착지도 만나게 될 듯
몇 걸음 주춤대다가
여기쯤, 하고 나는 생각을 접는다.

창산(蒼山)의 바람

- 대리(大理)

창산의 바람은 눈발이다
따순 입술마저 매섭게
내리꽂히는 시린 바람살이다

눈길을 미끌어 내려
고샅길을 달리다가
머리 푼 밀밭으로 흐트러진 다음

콩밭 언저리를 감싸고
물빛으로 이해(洱海)의 어둠인 양
나울져 흔들린다

흔들거리다가 다시 몸 일으켜
유채꽃 꽃송이들의 들머리를
노랗게 물들인다

나도 긴 혀를 빼물고
호수의 맑은 눈빛으로
긴 여정의 몸을 푼다.

아성(亞星)여관에서

– 대리(大理)

낮빛이 아주 좋은 설산(雪山)의
손 씻은 아침 품을
나는 보았노라, 자세히
대리(大理)의 한 둔덕에서

내가 가리키는 손가락 끝의
계명성보다 더 빛나게
화성(火星)을 바라다가
드디어 새벽이 일어서는 것을

막 여명을 벗어던지는
만년설의 번덕임도 보았노라
다리 짧은 칠성교(七星橋) 아래
한 여관에서 나는 만났노라

손발 시려 가슴까지 떨리는
눈 녹은 물의 봄빛을
목련보다 더 푸른 불빛을
비로소 그곳의 새벽을 나는 깨치노라.

설산(雪山)을 향하여

– 여강(麗江)

여강계(麗江界)라는 팻말을 읽고
한참을 달려도
이름 같은 마을은 나서지 않는다

몇 차례 굽잇길 더 돌아
허리 꺾고 내다보면
뽀얗게 머리 센 산이 나선다

무논엔 오리와 거위떼
흙담 안으로도 하얀 벽돌
희다 못해 푸르러 눈이 부시다

날은 이미 기울어
새벽바람의 찬 정신 같은데
흰 산만 끼고 나는 달리고 있다.

먼동에 일어나

– 여강(麗江)

먼동에 일어나
서역(西域) 높은 데로 길을 잡는다
구름은 알맞추어 까치놀로 타들고
남녘 하늘만 나와 줄다리길 한다

창창한 어미의 품성으로
히말라야의 머리를 추켜 올리고
눈 덮인 산머리와 더불어
하늘도 이해(洱海)로 푸르기만 한데

미끄럼 타고 달리듯
눈길 밀치고 나서면
매화나무에 이는 바람
유채밭은 봄물에 젖는다

내가 살아온 내력이 그런지
드문드문
들빛 일렁이는 한가운데
낯선 젊음이 돌이켜지고 있다.

보르부드로의 부처님

진종일 달군
적도(赤道) 밑의 돌에 올라
당신은 곱슬머리를 고정한 채
쉼을 얻고 있었습니다
저고리와 신발마저 벗어던지고
움직임하는 없는 생각 안에다
내 길을 못 박고 있었습니다
얼마나 멀리 달려왔는지
숱한 고뇌의 어깨에 짐을 받아
이미 당신의 등허리는 벗겨져
둥글고 번지르르하게 되어 있었습니다
우리가 이겨내어야 할 고달픔까지
눈짓으로 멀찍이 밀치고 있었습니다
간혹 바람이 불어
우리가 더는 약해지지 않으면
선하게 될 수밖에 없노라
흔들림과 뒤섞임을 줄이게 하고
깨달음의 은은한 눈으로
붉게 물드는 서녘하늘을 보고 계셨습니다.

뱃길

잠이 안 온다
몇 며칠의 고유 뒤로
이유 없는 바람

그 하룻밤의 파도 때문인가
비 뿌린 뒤의 적요(寂寥)는 귀울림
들까붐에 깔닥질도 하게 한다

그만 잠을 잃었다
그제도 그랬고
어제도 그랬다

옥죄는 일 하나 없는 뱃길에
내 위장은 넉넉함의 난도질
내 잠적과 같은 난바다였다

바다 밑을 훑는 의식까지
마냥 밤샘이라면
뜬눈일 수밖에 없는 것을

내가 가는 이 길
뱃길에선 잠이 안 온다.

이오니아 바다

저물녘을 빌어
달을 빚고 꽃잎을 엮고
세월의 옷까지 잣게 했는데

오, 터어키의 달이여
간신한 눈이라도 트게 하여
지중해의 새벽을 밝게 하라

멀찍이 저 너머로
참고 견딘 에베수스의 한
트로이와 이즈미르의 곡소리를 묶으면

천 년도 두 번은 될 성싶은
사랑의 향로를 끌어
새벽으로 돌릴 수 있나니

오늘 흰 돛 높이 올려
이오니아 바다 가운데로
갈매기의 울음소릴 몰며

우리가 받아야 할 세상의 빛을
짜디짠 물로 씻고
내일을 더욱 맑게 하라.

멱을 감으며

에에게 바다에선 보지 못한
터어키의 눈썹달이
큰 섬 하나를 젖혀놓자
냉큼 고개를 밀치고 나선다

이오니아 바다의 기슭을 벗어나
얼굴 씻고 분내 풍기는 초승달
나를 바싹 따라붙으며
만나자며 자꾸 손을 내젓는다

청람빛 지중해 한가운데로
흰 돛배 곁 갈매기 띄워
몇 며칠을 나와 더불어
물속에 잠겨 있으라 이른다.

지중해 일기

밤 사이에 우리는
아드리아 바다를 지나
이오니아의 물감이 되었다가
티레노의 카프리로 향하고 있었다

새벽빛은 밝아 금방
베네치아에 우린 닿는다
저녁놀이 고이 잠들고
곤한 숨을 들이쉬며

더는 가릴 것이 없는지
시칠리아에 부끄러움을 주저앉히고
그 너머의 튀니지를 바라며
구름떼만 열심히 밀쳐낸다

이미 보스니아 헤로체고비나는
아득한 남의 일로 되어갔고
지중해는 있는 대로 몸을 늘어뜨려
깊은 잠에 들어 있다.

오, 베네치아

처얼썩
하얀 돌담에
바다가 몸을 밀어붙인다

처얼썩
이끼 낀 담벼락은 아쉬운 듯
머리를 흔들어대고

섬 하나 초록의 물너울을 받아서
섬 하나
뭍으로 굳힌다

오, 섬이여
베니치아여
다시 너를 만나러 내가 왔다.

다시 지중해

소나무가 허리를 굽히고
듬성 듬성
무대 위에 웃음을 뱉는
내 동공 속의 바다

고향 땅 울기공원 같은
방어진의 그것
지금은 한적하기 짝이 없는
바다만 같다고 나는 생각한다

내리받이 길이 너무도 좋아
물줄기가 곧장 쏟아내릴 듯
붉은 기와들의 날카로움
파도소릴 나는 흉내내고

다시 나는 바다를 돌이키고 있다
아무도 쉽게 함께할 수 없는
혼자의 물길에 가부좌를 틀고
내 꿈을 엮고 있다.

섬

섬 하나 떠오른다
초록의 물빛이 되어

어지간히 굳혀지는가 싶더니
더 푸른빛이고자
물너울을 쓰고 몸부림을 한다

초록의 섬 하나
떠내린다

큰 파도가 일렁이자
손발을 비벼대다가
더 짙은 물빛으로 돌고파
얼른 머리를 담군다

섬 하나 숨고
섬은 물이 된다.

바람의 길

바람이 간다
길에 길을 이어
줄줄이 간다

그 길을 엇대어
내가 가고
나를 이어 네가 달린다

떠돌던 바람
잠들지 못하는 혼령마저
별의 길을 돌면

눈짓 같은 바람
때론 눈물도 흐르고
손짓을 하기도 한다

바람이 달린다
길이 달린다
내가 너를 따른다.

돌들의 소리

- 에베수스

곧게 뻗은 길이 접혀
비스듬히 내치더니
어둠 속에서 묻히고 만다

지워졌다 이어졌다
되살아나는 길 모롱이에
잠시 나는 구름이 되어
바람도 몸을 숨기게 한다

숱한 꿈의
어느 하나가 차돌인지
맨돌을 끼고 누워
갈대 옆에 키대로 나앉는다

장끼 한 마리
낯이 선 듯
날며 풀숲을 차고 올라
맨돌의 목청으로 소리를 지른다

해가 기울어 눈도 어두워지면
길이란 길은 굳어지는 법
세상은 안개 속에 몸져눕는다

나도 그들과 함께 사라져 간다.

에베수스

엄청 키가 높아
너무도 아득한 억새의
웃자란 꼬리털 하늘에
소금내의 바람을 훑다보면

삭지 못한 내 울음소리
아직도 들리는 옛날의 붉디붉음
뼈 갈아 붙이는 이곳에서
사람의 죄를 나는 묻고 있다

민둥산으로 오른 사람의 몸값
흙무덤, 돌무덤, 풀무덤이 되고
내가 헤쳐 온 물길도 굳어서
둥근 등허리는 휘어져 간다

척박한 땅만이 세우는
다 죽은 몸의 이 바다
지중해의 더없는 조요로움에
물너울도 별을 쫓아 반짝이고 있다.

다시 그 집에

- 베어링턴의 그곳

그 집에 가 앉으면
종일
날것들만 보게 된다

첨벙이며 헤엄쳐대는
오리들의 장난기
울부짖음의 저 가족 잔치

다시 떼지어 날아올라
부메랑과 같은 날바람으로
허공에다 느닷없는 그림자 드리운다

가고 또 가고
가서는 다른 그림자를 등에 지고
큰 궁덩이를 내 앞에 디미는

창틀의 저 바깥세상
곱게 잔디 깔린 놀이터에
물새밖엔 더 터세는 없다

그 집의 푸른 하늘
온통 가고 오는 날것들
새들의 하늘만 펼쳐져 있다.

산 넘고 바다 건너

- 파푸아 뉴기니에서

에베레스트의 눈 덮인 산보다 더 흰
마리아나 해구의 푸른 파도를 가르며
뜨겁고 숨막히는 적도를 지나
나무 한 그루 설 수 없는 마운틴 하겐
그 산머리에 당신과 당신의 당신은
댓자리 엮어 자리 하나를 펼쳤습니다

예순 남짓의 세월까지 접어
당신과 그리고 당신의 당신은
처음 손을 잡던 낯선 피 달구어
사람의 어기참과 미쁨의 눈부심을
아낌과 아름다운 시간으로 넘기고 있습니다

밤이면 틀림없이 내리쏟는
아주 순수한 물을 뒤집어쓰고
숲들이 뿜는 맑은 공기 들이키며
밑도끝도 없는 하늘 두드려
새 삶의 당신들을 열어젖혔습니다

맑고 고운 색깔의 꽃들 밟으며
어깨걸이로 당신네들을 부둥켜안고
용기와 꿈으로 산 하나를 또 만들어
이곳 한바다가 보이는 곳
그리운 고향땅의 추억을 건져
크게 손 들어 고함쳐대고 있습니다.

새 꿈을 껴안으며

해가 기운다
묵은 것이 기울면 빛은 바래고
새 해는 반짝이며 다시 솟는다

즈믄 해가 먼동으로 트는
어렴풋한 그림자는 스러져가고
밝은 햇살이 다시 와 박힌다

아스라이
세기의 끝이 흘러내리고
새 꿈을 엮어야 할 때

새 삶에 새 곡식이 필요하듯
논밭 일구고 올곧은 씨앗 뿌려
다시 살이 되고 피가 되게 하는

새 해는 돋는다
고독했던 많은 혼돈과 더불어
지금은 함께 우리를 껴안을 때.

나무들의 그것처럼

허드슨 강 너머의
나무들은 눈발 다 털어내고
온몸에 회자색을 뿜으며
꼼짝 않고 몰려 섰다

지난여름
풍요로왔던 꿈들
발목이 아무리 시려도
잘들 버텨 서 있었고

겨드랑이가 가려워
햇살들 털다가
또 마구 휘저어대는 팔
가을의 부지런도 잊을 수 없다

얼마 안 있어 다시 서는 봄
그때 새 이름을 얻어
그 하늘을 덮으리라
그 땅을 물들이리라.

새날 아침에

아스라이, 저무는 두 즈문 해의
낙엽들 쓰러진 뜨락에
내 게으른 잠도 누었다면
오늘 새벽만은 일찍 일어나
빛나는 해를 받들도록 하자

우리들의 모든 꿈들까지
한결같이 일으켜 무릎 꿇게 하고
졸리는 눈썹들 사이 사이
햇살들 곱게 펴서
세상을 반짝이게 하자

흙 속에 깊이 묻었던 손발들
뿌리답게 온몸 갈무리하게
더 깊고 더 넓게 그리고 또
더 푸르게 젊게들 살아
즈믄 새해의 영원한 날개를 달자

지는 해의 끝엔 아름다움이
다가오는 세상엔 우러름이
새삶을 트는 마음들은
아침의 문으로 다가서서
시달림 없는 환한 세상으로

아스라이, 묵은 해는 기울고
즈믄 새해가 떠오른다
산과 들에 충만한 확실의 시간
세계의 미쁘기 그지없는 약속이
새길 위의 새 인생으로 온다.

씨앗과 내일

씨앗 하나를 얻어다가
두 손 받들고
땅속 깊이 묻었다

비도 뿌리고 햇살도 흩었다
더할나위 없는 바람도 꽂았다
그루나무 하나가 우뚝 솟았다

사과가 열렸다
배도 매달렸다
감이 익어 놀빛으로 세상을 물들였다

밤과 대추
이슬처럼 샘처럼
별은 세상을 밝혔다

수도 없이 많은 씨앗이 태어나
내일을 밝혔다
나도 나무가 되어갔다.

옛돌밭에서
- 세중(世中) 옛돌박물관

하나 같아라
죽음이나 어리석음 따위
겸손도 부끄럼도 모두 굳어져서
누구든지 이 산비알에 서면
보통은 꼬드김당하기 일쑤니라

안개나 는개비 자욱한
그런 얼굴, 저런 몸짓들
무슨 사정이 그리도 긴한지
울음도 돌덩이 되고 마는구나
웃음도 돌멩이 되고 마는구나

발밑이 따가우면 꿇어야 하고
손등이 들쑤시면 비벼야 한다
오래 꼬나보면 눈은 닫아야 하고
깊게 머무르고 싶은 욕심 따위
고개를 내려야 하느니

한낱 돌덩이라 말하기 전에
몸 굽혀 엎뎌야 내가 사느니
옛돌 하나에 한 목숨씩 있어
백 년도 더 살고
천 년도 쉬 넘기느니

긴 숨으로 세상을 지키는 법
이곳에 다 몰려 있다
그래서 저네들에게 말한다
배워 익혀야 하느니
내일을 사는 오늘의 사람들아.

그루나무 하나

- 서울우유

오늘 아침 나는
1등급의 우유 한 잔에다
옛날 신선이나 드셨다는
하루치의 선식(仙食)을 타 마시고
예순 몇 해짼가의 새벽을 연다

이보다는 한두 해쯤 전의 늦은께에
아침길을 열던 창씨개명(創氏改名)
그 앳되고 볼품없던 이름
또 광복도 맞고 전쟁도 겪고
오늘의 부름값으로 내가 살고 있나니

세월도 어지간히 흘러
몇만 몇천 몇백 며칠째
드디어 예순도 훨씬 넘어
장년의 넉넉한 나이로 늙으며
매양 같은 하루를 펴고 있거늘

잘 익은 육신도 되었지만
간고(艱苦)와 어렵사리도 꾸려
그마저 헤치고 새로 상까지 마련
탄탄한 뿌리에 그늘 좋은 그루로 살며
바람 많고 실한 몫이 되었다

우리와 함께 드디어
우뚝 서게 되었으면
나랏살림의 고른 키에
고른 몸으로 살아내는 주인이 되나니.

14.

부끄러이

책머리에

꿈으로 말하면, 종이내와 잉크내가 풍기는 시집 한 권쯤 가졌으면 했다. 첫 번째의 『오지행』은 시장에서 천을 구해다 옷을 해 입혔고, 두 번째 시화첩 『공원 파고다』는 손수 묶은 한정판이었다. 목표엔 3할도 미치지 못했다.

이제 열네 번째의 이 시집에선 그 흉내만이라도 꾀했으면 한다. 그러나 그 절반에도 이르지 못할 것 같다. 안타깝다. 다만 오늘의 시어가 갖는 불투명 혹은 불확실에 대한 나의 신념, 말하자면 아껴 쓰야 할 글과 그렇지 않은 말의 구분 정도로 넋두리를 대신했으면 한다.

시에 대한, 문학에 대한 회의와 연민 역시 내 안의 터알을 살피는 일로 스스로를 홀대하는 데서 벗어나는 정도인 듯싶다.

일흔의 턱 밑에 와서 '부끄러이' 하고 인사를 건네는 이 표제는 내게 남아 있는 열망이나 열정이 조금이라도 있다면 언제 그 꿈을 익힐 수 있을까 하는 걱정 때문이다.

2004년 5월

萊山軒에서

성 춘 복

우수(雨水)

울타리 저 너머
비 온 뒤
뜨는 물빛

탱탱한 비올라의
귀 씻는
맑은 소리

오늘도
못다한 여망(餘望)
이내 속에 찌든다.

홍매(紅梅)

숯검정 보고도
불잉걸 되고 마는

깊은 잠
속 사정
내 젊은 빛일까만

그리움
몇 뼘 더하여
이 봄을 붉히리까.

숨소리

여기선
빈 가지를 흔드는 햇빛이

거기선
꽃 다웁게 눈부신 몸짓이

투명한
그늘 사이로
얼비친다 숨소리.

동백(冬栢)

지난 해 입을 맞춘
그 나무 그 곁가지

여태도 취한 듯이
핏빛으로 부풀어

제 꿈에
절로 익었나
화롯불로 번져난다.

춘천 가는 길

오늘은 강물 빛도 산이 들어 푸르고

구름은 깃을 달아 백조 되어 날고 있다

적막의
내 가슴 속을
후벼내는 바람소리.

언젠가 눈이 멀어 그리움 끌어안고

웃자란 손톱으로 물풀들 거둬내며

이 길을
스스럼없이
배 띄워 오르리라.

비 온 뒤

강가로
내려가
비 맞은 숲을 보리

난무당 어질머리
하늘 흔든
먼 물소리

봄바람
아뜩한 기운
무지개도 띄워 본다.

다시 봄날

봄꽃들 흐드러진
연둣빛 뜨락에

지난 해 꽃 진 자국
이슬로 떨어지고

이 세상
맑힐 꿈마저
날개를 달았고나.

헛것을 보았는가
황사에 짓무른 눈

유채도 벙긋대고
수유도 만개했다

난장에
트인 그 봄길로
뒷짐 지고 가는 이.

봄내음

꽃눈을 틔우려는 찬바람 다라웁고

비 내린 내 안에도 봄빛이 흠씬 젖다

그 사랑
천지에 가득
몸 달구는 풀무질.

백일몽(白日夢)

꽃바람 꽃길 꽃때
꽃자리 꽃밭 꽃떼

꽃꼭지 꽃술 꽃불
꽃세상 꽃빛 꽃뜰

꽃다발
꽃말 꽃잔치
꽃맞이 꽃색 꽃들.

꽃대궁 꽃잎 꽃쌈
꽃다지 꽃봉 꽃불

꽃달임 꽃씨 꽃눈
꽃나라 꽃노래 꽃놀이

꽃마을
꽃비 꽃가루
꽃천지 꽃샘바람.

봄꽃 일으키기

꽃대가 떨며 선다
꽃잎도 덩달은다

줄줄이 키 돋우어 팔 벌려 안겨들면

어쩐다
저 앞선 소리
날 불러 꿇어앉혀.

미루남기 흐느낀다
수양버들 춤을 춘다

벌써 와 끝나버린 당신에의 지름길

어쩐다
우릴 타 넘는
혼불의 뒷발질을.

봄 연두

참으로 따뜻해라
가슴 속 일이라니

왈카닥 쏟아내는 오롯한 믿음인 것

어엿한
한 세상의 일
봄 연두 들비친다.

나를 두고

강나무 건너뛰어
엎어져 붉었는가

꽃빛을 뽐는다며
앵두꽃 손을 들면

벙글던 꽃망울떼가
줄 지어 들렌다

봄그늘 어깨 흰 솔(松)
덩달아 꽃세상에

마음 문 열어젖혀
이제야 반기는가

눈 가린 그대의 뜻을
날 두고 어찌하리.

봄산 보며

산등을 타고 내린
겨울잠 굳은 살이

경첩에
날을 받아
너울인 듯 일어선다

기지개
무등 태우고
내 봄을 맞으리.

뜸부기

꽃비가 흩날리던 갯가를 한참 지나

꽃자국 얼룩진 초여름 푸르름에

누구의 피눈물인지 그리움만 우짖는다.

길 밖의 길

진종일
자갈밭을
달려온 그 걸음

달 밝아
또 하룻밤
그대로 밝혔구나

쉴 곳은
어디쯤인가
아닌 길은 아닌 것을.

그대의 잔(盞)

눈물을 만들고야
술잔에 다 따른다

마법(魔法)의 손인가
내 꿈길 파고드는

그대는
내 안을 떠도는
가물대는 흰 돛배.

사랑은 또

어디에 감춰두랴 허기진 내 노래를
가는 귀 부신 눈을 인연이란 끈에 묶어
과일내 충만한 은혜 거둬낼 순 없어라.

그대는 가고

이녘의 어스름은
눈 쌓여
아득하고

서리꽃
저녁답엔
그대 떠나 비운 뜰

가난의
어렵사리 등불
적막 속에 떨고 섰네.

속앓이

하늘로
띄우려던
노을빛 꼬리연이

속앓이 하려는지
산그늘에
걸리우고

내 속을
헤집는 설움
송곳날만 세우데.

술래잡기

아주 먼 젊은 날에
길 찾아 나섰다가
그 나이 절반쯤에 잦아진 귀갓길

그 죗과
무게만큼을
꽃편지로 띄우리.

길 잃은 덤불 속 헛디딘 엊그제
외론 땅 돌지팡이
깎아내린 비탈길

그 업보
손바닥에 받아
꼭꼭 숨은 술래잡기.

사하라의 석류

단 한 번
부끄러이
가슴팍 쪼개어서

뜻밖에
다시 한 번
스란치마 끌어안고

가뭄에
입술 축이는
뜨거움을 전하리.

히아신스

- 당신의 사랑이 내 안에 머무는

그 뉜가
쑥스러워
꽃말도 버리고

다시 또
피고 져서
꽃내음을 지우나

연거푸
스스러워진
꽃저냐나 드시과저.

상사화(相思花)

아끼며 사랑이라 저 혼자 두려운

울먹여 몇몇 가락 더듬어 읊조리는

내 울 안
깊은 데 갇힌
타다 남은 숯덩이

네게로 흘러나간 내 속의 뜨건 눈물

야멸찬 꿈은 어디 연고도 찾지 못해

누구의
귀띔도 아닌
하늘빛 아리아여.

마음의 강(江)

내 손을 잡아주던
빛부신 기억이

아뜩한 세월 넘어
몫으로 밀려와선

깡그리
그 마음 훑는
강물로 흐르네.

사랑의 실체

꽃말로 일러주랴
하늘 맑은 까닭을

널 찾아 오리라던 봄여름 아니란다

눈시울 젖는 사연은
미움의 한 소절.

살갑게 다가들어
눈 주면 내 눈부처

덧칠해 그려놓고 온몸으로 고백하던

사랑의 사라진 실체
어디서 구해보련.

하소연

풀꽃들
잎새 여는
나비춤 고운 언덕

지나온
나날들에
까치라도 울어주렴

연모(戀慕)의
노랫가락은
눈물로 씻기우리.

사랑 속

그 밖엔
다른 말이 더 없다는
가슴 속

진흙으로
빚어 만든 훈(壎) 악기
비슷한

손톱도
짙게 물들인
섧으나 뜨건 소리.

고행(苦行)

파촉(巴蜀)의
벼랑을 따라나선
내 깨침도

돌아서 다가서면
어둠에 묻히고

서녘을
앞서 걷는 이
등 밑이 따갑도다.

풀꽃 몇 송이

풀꽃들
몇몇 송이
자다가 일어났나

어디서
알았는지
버릇대로 가물거려

뒤늦게
깨친 부지런
허공 모두 채워라.

허일(虛日)

손 털고 발 더듬어 하릴없이 헤맸어도

물소리 바람소리 부풀려 그지없다

여태도 끓는 우레가 심장 좇아 들쑤신다.

그 먼데

낫과 밤
속태움도
이승의 한 길이지

노을에
무릎 접어
돌아들 곳 없긴 하나

아렴풋
통틀어 거둬
모진 울음 만들과저.

탑(塔) 놀이

돌탑을
돌고 돌아
탑문(塔門)에 들어서니

하늘 밑
하아야니
구름 밖의 산이었어

어떻게
외톨이 하루
어둠을 거둘꼬.

혼불

꽃빛도 붉디붉은 그 나라 어디매

구원도 허사여서 한참을 헤매었나

닿으면
금세 불붙을
당신에의 오름길.

비가(悲歌)

화살촉
깜자주빛
그렇듯한 네 마음

언 가슴 짧은 생애
삭혀라 달빛이여

멎을 곳
알 수 없는가
사람의 사는 길.

어떤 삶

별 한둘
빛나다 숨었는지
가물대고

내 넋도
깨었다 얼디는지
스러지고

절름발
새우잠으로
지는 듯 꺼지는 삶.

되삶

수백 번 돌아누워
뒤축을 들어봐도

얼음물 끓여 부어
바닥이 보이잖아

그 몸에
불 당겨주면
되사는 일 생길는지.

사해(死海)의 먹물놀이

먹물을 도로 밝혀 온 몸에 덧칠하고

끈끈한 뻘밭에 깊이대로 누웠으면

한낮의
물놀이장단
따갑도록 잦아든다.

부뚜질

귀뚜리의 부뚜질이 달빛을 불러내어

어둠에 부딪치면 목이 쉬어 우짖는다

한밤도 내 가슴 안에 무너지는 달무리.

여름날

바람은
스러지고
천지엔 벌레소리

백일홍
입술 깨문
적묵(寂默)의 한나절에

식은 땀
줄줄이 흘러
온몸이 뒤끓는다.

마음의 밭

망초꽃
멀리 흩어
텃밭의 고랑 같다

들꽃도
달려 나와
온 산야 메워버려

내 마음
깊이 묻을 곳
어디서 구해보랴.

나에게

청초록 어디 가고
난분분 서릿발이

잡초깃 뒤흔들어
저물녘 막달골

총총히
거두어들여
꿈이라도 삼아라.

너에게

그러한
너에게
참으로 목이 마른

나로선
엽서 한 장
띄워야 내가 사는

그렇지
그리움뿐인
사랑을 심어야지.

비 안에서

장대비 가운데로
쓰름매미 간 곳 없다

비둘기 까막까치
어디로 피해 갔나

씻김굿 빗소리 뿌려
고개만 저어댄다.

우산대 하나로도
해종일 치장하고

잔디밭 맥문동을
눈요기로 하다가

토끼풀 간 곳 없어라
자국만 짚고 서네.

하늘길

물에나 하늘에나 흔적 하나 없도록
햇빛을 흔들어서 나울로 만들까나
헛디뎌 무두질로도 갈매기는 솟구친다

하늘빛 억 겹으로 발 밑에 밀어두고
물빛도 되씹으며 숨 까삐 몰아가면
흰 구름 말없이 와서 제 길을 찾아간다.

세한도(歲寒圖)

- 대관령 휴양림

대관령 휴양림에
세한도 더 늙은 솔

이 저녁 바람벽이
빗소리 담아내고

다 못춘 엉거주춤을
살풀이로 다시 푼다.

무시로 눈을 떠서
창 밖을 살펴보니

허물로 벗어놓은
는개비 구슬 솔잎

어쩌면 산그늘 아래
저토록 맺혀 있나.

수평선 너머로

감춘 한(恨)
목이 걸려
울음을 삼키는데

파도여
갈매기여
사무침을 어쩐다냐

까마득
나는 시늉
나도 너를 따르마.

기러기 날다

끼럭끼럭
  기러기들
    기러기가 낚아채니

저 높이
  하늘에서
    하늘 밑에 떨어진다

그렇다
  바람떼 몰아
    굴렁쇠나 굴려야지.

어머니의 시간

부신 길
좇아와서
서릿발 뒤엉키고

알뜰히
보듬던 손
물리신 듯 두셨다가

지금은
그냥 잠잠히
햇살만 날리시네.

이 나이에

일흔을
넘긴 봄에
산야초(山野草) 씹으면서

등을 댄
원력(願力)으로
밝힐 눈만 껌적댄다

이 나이
꽃밭의 한때
꿈이라 아니 하랴.

이백(李白) 타령

몇 백 년 바라고도
얻지를 못했으니

당신의 달 아래선
술로서 배웠으리

어느 날
나도 눈 감아
영원을 얻어내리.

회오리

우리가 살고나서
얼룩 내린 갈피며

들녘을 서성이다
소리 지른 갈잎들

늙마에 귓전 울리는
젊은날 회오리

눈썹이 하얗토록
빛어 내린 청태인가

으악새 속울음이
뒤흔드는 강줄긴가

친구야 넋 어린 얼굴
바람결로 흘려라.

다 저문 저녁

소나기 쏟아부어 강물로 내려서서
드디어 지난 나달(日月) 떼구름 지었도다
기운 줄 알지 못하네 다 저문 저녁때

어둬라 두 눈 흐려 혼절해 앞을 잃고
오던 길 벗어나서 꿈길마저 버려도
설워라 하많은 날을 새벽닭이 지키네.

15.

그림자놀이

책머리에

굳이 괴테의 말을 빌리지 않더라도 '언어는 성스러운 침묵'에 기초한다는 사실을 나 또한 증명해 보이고 싶었는지 모른다. 지난해 『부끄러이』를 엮으면서 그 어느 때보다 단순 혹은 결핍을 이유로 해서가 아닌, 내 자신 속에 내재된 응축·신비로써 하이데커의 '존재의 집'이란 철학을 영향받고 있었던 것은 아닌가 생각해왔다. 특히 침묵은 명상의 오늘 혹은 그 과거까지 대변하는 완벽한 세계라고 내가 이해해온 것도 사실이다.

이와 더불어 우리가 어렸을 때 풍부한 환타지를 가졌던 일, 폴 비릴리오의 '어린아이의 세계로 회귀하려는 성숙한 자만이 들어갈 수 있는 초록 낙원'은 예수가 그 제자에게 주문한 천국에의 드나듦에 다름 아니듯이 유년기에 흠뻑 놀이에 빠졌던 아름답고 순진했던 시절 그 느긋한 현실들을 나는 시로 엮고 읊어 보고자 했다.

이런 노릇은 상상력을 가졌을 때 우리들 정신은 노동을 하지 않고 놀이를 한다는 사실도 증명된 일은 아니던가. 칼 마르크스처럼 상상력이 생산력으로 전환되면 노동도 유희에 가까워진다는 그런 얘기와 맞물려 한 미학적 영역으로 우리도 다가가 피안에 닿게 될 듯도 싶었다.

이순(耳順)을 훨씬 넘겨 두 손바닥을 맞붙이고 폈다 오무렸다 하면서 빛과의 경쟁을 하는 내 실체적 그림자와 놀이 경쟁에 열중한다는 그 어리석음을 이 시집에서 계속한다는 것에 나는 얼마쯤 만족해하고 있다.

제15시집을 엮도록 격려와 협찬을 해주신 여러 분들께 깊은 감사를 드린다.

2005년 4월 일흔이 되던 날

성춘복

꽃쌈

늘 매만지던 이 손으로
오늘은 너와 꽃쌈을 하리라
덥썩 흙에서 뽑아든
범벅의 뿌리를 흔들며
어지럽기만 한 신새벽의
내 몸뚱일 좀 누그러뜨리려
혼곤해지기까지 핏자국 쓸고
아우성, 아니 흔들림 그대로
목이나 어디 숨길 닿는 데로
너를 끌어갈 작정이다
완강히 두 손 휘젓는 너를
자지러들게 악쓰는 모습으로
이번엔 내가 정말
너를 고꾸라지게 하고 말테다.

또 꽃쌈

올봄처럼 비가 잦은 탓도
또 불길만 같은 나의
숨길 수 없는 속내까지
야무지도록 익게 두어
나무며 푸새며 들꽃들마저
다 여름에 가닿게 하여
너를 정말 부추길 요량인데

내 마음 같게
현란한 꽃잎의 늦은 가을로
나를 기울여 몇 억겁쯤
더한 연줄에 꼬고 다져
단신으로 널 담금질하다가
어림없게 요정내는 싸움질로
꼭 쓰러뜨리고 말테다.

꿈자리

어찌 두려움뿐이랴
시도 때도 없이 바람은
내 꿈의 텃밭을 헐어내고
무섭도록 가슴을 으깨어
원통한 까닭을 혼쭐내는
너로부터 그 수법 건네받아
찬연한 나의 이력을 만들고 말지니

춥고 두렵기만 하여
으깍난 내 신세하며
외롭기로야 말할 나위 없는
저 한량없이 지워내는 모습과
삶도 처량한 그림자일 뿐인 오늘
내 육신 다 저물도록
알뜰히 비워내고야 말지니.

짐작

나는 늘 전전긍긍이고
잠들기 어려운 시각이면
나를 짓밟는 바닥 한가운데
쓰러지기만 하던 그 여편의
몹쓸 병을 붙들고 앉아
숨찬 몸뚱일 흔들어대다니

피는 끓어
날로 나를 붉게 만들고
바깥세상의 떠돌이 같게
외곬으로 엎어져라
다시 자빠져라
요행수를 외고 있다니

가끔은 짐승소리 덧보태
그럴싸한 얼굴을 내밀며
아무렴 어떠하겠느냐고
엉뚱하게 살아갈 방도를
꿈 깊이까지 찾아 헤매다니.

어제

파충류의 배밀이 비슷이
자신으로부터 빠져나와
생애의 중간쯤을 묶어본다

두웅둥
가아물
우르르

굴절의 잘못된 살갗들을
아주 잡아 묶지는 못한 채
그저 무중력이 되어 허전케 한다

그렇지
가아물
두루웅

어디건 쏴다닐 벽력 같게
단애였고 낭떠러지였을
아득한 나의 여로.

그제

요 며칠
같은 꿈이 거푸 왔다
꽃송이 한둘
번듯한 받침에 꽂아놓듯

나비도 부르고
말벌도 가깝게
신경줄 아주 늘어뜨린
오금마저 저리게 하고

씨앗 몇 낱
어쩌면
갈 곳 몰라 떠돌게 하는
채신머리 고약한 꿈

꽃값이라도 치러 보자며
뒤집어 놓아 땀께나 뽑을
큰소리뿐인 바로 그 날
탈없이 지샌 나의 한때.

그끄제

잠시 끝나는 일은 아니고
다시 잠이었기에 나는
그 자리에 두 다리 들여놓고
꿈을 얻을 수 있었지

그제의 내가 결코 아니었으므로
앞날도 창창히
오늘빛으로 마냥 물들어가며
만에 하나 네가 된 듯싶었지

어제와 오늘 다시
내 허전을 메우기 위해
늘 그렇듯 그냥 그대로
허방다리 놓는 내 실체의 삶.

1년

그렇지
불확실의 봄을 기다리며
잎들의 부활도 보고
꽃 같은 때도 더러 걸쳐
빛 밝음 붙들어 보기는 했는데

괜스레 발등에 곧은 햇살
따습게 덮어주다가
가끔 어깨라도 주무르는
한더위와 장마의 지겨움
더러 탓하기도 했건만

가을걷이 바쁜 내 집의
안팎과 새벽, 점심과 어둘녘을
미루다가 한밤에 들어와선
고단한 듯 몸 눕혀
짜증 부리는 이 버르쟁이까지

더러는 죽은 아내의
배꼽 어디쯤
깊고 따슨 잠버릇
애태우며 기대해 보는
몇 됫박의 땀 솟구기

그렇구 말구
남의 땀 잘도 훔쳐
겹도록 아름답게 꾸미는
열심인 삶의 강줄기
훑어 1년치의 덧셈하기

그 일 제법 괜찮다고
반복과 느꺼움 고루 섞어
돌아설 길도 찾고
쏟아낼 구멍도 뚫어
눈빛 더욱 반짝이게 하다가

아무래도 죽음뿐인
요 몇몇 년
그보다 더한 꿈을 가꾸며
나를 위하여
또 너를 위하여

그렇게
손 놓고 발 놓고
온몸 다 놓아버린
그러다가 그다음 다시
목숨마저 놓고마는……

아, 한 해인가
내 집에 겨울은 들이닥쳐
속절없이 저무는 해의 추위에
한량없이 떨며 겹으로
옷들을 껴입어야 했던 나날.

다시 소년

그 눈길에 바람이 인다
그 손길에 햇살이 번쩍인다
그 발길에 빗방울 튀고
그 혼길에 눈발 휘날린다

애써 바닥을 말아 올리며
고르게 세상을 쓸어
샘물도 퍼담고
자비와 은혜 흩뿌리고 싶은

늘 새롭게 깨어나
늘 따뜻이 돋아나
늘 말갛게 일어나
늘 그 힘 수줍은 듯

젊음이여, 나의 지난날이여
다시 이 은근한 세상을
어찌 혼자 젊어지려는지
네 우람의 그 눈빛을 상기해 본다.

바다의 노래

눈 맞추고
입까지 덧보태어
가슴엔 별들

뼈 속 맑게 하며
온갖 것 속앓이로 쏟아붓는
사랑이여, 나의 삶이여

기약 없이 흔들리다가
지평의 끝 간 데 닻을 내려
쪽배들 무덤인 낙강이나 한강 그 어디

모이기만 해도
몸 부딪쳐
혼란의 마음자리 되는
그 바닥엔 늘 공복(空腹)이고

내 젊음은 수치스럼
그렇게 너울져
끝내 묻어버리고 말다니.

신기루

사하라에서인가
뒤를 밟던 모래 너울이
뱀걸음으로 다가서더니
짐바브웨에선 끝까지 날 붙들고
깨부순다는 생각을 갖게 했다

버들숲 너머의 저 뙤약
뿌리라도 뽑아버리려는지
헛된 바람, 그런 아지랑이
가당찮게 나를 축지(縮地)케 하더니
서글프단 말을 배앝고 말더구나

봉고차 한 대를 세 얻어
땅끝 까마아득한 데로
바닷물 퍼담으며 카사브랑카로 가서
하얀 집들 다시 일구고
내 사랑의 황당도 비웃어보더니

도수 높은 안경테 뒤로
내 잠자리를 타고 들어
마구 날뛰는 사슴떼 올려놓고
빈손인 나를 숲이라며 샘이라며
엉뚱한 세상도 기억케 하더니.

열병

온몸에 열불 솟구치는
그런 봄이라 하자
애봄의 느닷없음이사
얼굴 화끈거리게 하고
곳곳에 이는 불길로
내 속에 독기를 차게 하더니

한낮의 점잖은 밝음 아니어도
더욱 저물녘은 아닌
한 계절의 이 꼭두에
어쩌면 음울하기까지 뱉어내게 하는
바람의 신작로에 나앉아
마음을 깔아놓게 하더니

오, 벌써 봄이라니
염병 옮아들인 양
금세 재가 되고 마는
아니, 불덩일 끌어안고
몸단장의 단골무당에게
나를 맡기고 말다니.

당신은 어디 있기에

문짝 하나를 사이로
밤내 돌아누우며
늘 마음만 끓여왔는데

사정없이 별은 떨어져
높은 담을 쌓고
눈물에 멱만 감게 했다

이슥히 바람 불어
별담을 넘고
두 손 모두어 사정없이 빌건만

꿈은 메말라
허리의 아픔만 전할 뿐
온밤 당신은 찾진 못했다.

새벽 동백

소소리바람 등에 지고
새벽꿈 일으켜
백매(白梅)를 보러 나섰다가
홍매의 붉은 웃음을 만났었다

상수리와 전나무 천지의 새벽에
개울은 눈 녹은 물
출렁다리를 건너는 나에게
꽃들은 입맞춤이라도 하려는지

봄은 아직 어리고
온몸 흔들어 구름빛까지 어지러운
나는 열에 뜬 눈길 던지며
세상 밝기를 요량해 보지만

자맥질인지 허우적임인지 모를
기러기의 앙가슴으로
꿈 같은 삶을 측량해
내 가슴에 꽃빛을 채우러 했었다.

한강

내 집 앞을 지나
황해로 빠지는 이 강
요즘의 물 맑기사
내가 사랑이라 이름 붙인
그 여편의 눈물 같기도 한데

한때는 잘 보내
내 곁을 곱게 흘렀지만
싫기만 한 여자의 마음처럼
달음박질에 쳇바퀴를 달았는지
깊이 품어 안기는 맘은 어려운 듯

태산 높이로 들끓다가
몸 버린 쓰레기의 산등을
넘어 아득히 뛰다가
한탄강마저 불러들인
저승의 방문(榜文) 같기도 하고

애간장 감춘 물난리의
무덤 몇까지 보태어
앙가슴에 키라도 맞추는지
여태 우리들 가슴 복판에 있어
잘 간수해 볼 흔적이던 그 강.

노을

누군가
무슨 일로
가을에 돛을 다나

하늘은
샛붉음의
잿불이 되어가고

내 맘도
바람에 밀려
매운 철로 향하더이.

봄의 빛

듣는 비 가날파도
자드락 젖어들고

마파람
얇은 기운
길문을 거둬내면

밭은 발
꽁무늬 바람
내 몫의 싹이런가.

안행도(雁行圖)

햇무리 처연하듯
햇귀에
수를 놓고

날갯짓
지저깨비
하늘에 흩뿌리면

저 새도
희붐하다고
내 몸이 들먹댄다.

황산(皇山)에 와서

치어다 보아야만 돌산은 솟구친다
건너다 보아야만 구름은 이렁인다
내 삶의
내력을 타고
시간은 이어진다

막힌다 싶더니만 길들은 살아나고
뚫린다 싶더니만 내 눈을 가리구나
내 안에
곧추세운 듯
산들이 자라왔다

세상의 어질증에 귀까지 다 먹혀서
일흔의 고샅길을 아득히 올려놓고
그렇듯
푸른 솔가지
흉내도 어렵구나.

가으내

철새가
겨냥하듯
하늘이 흔들린다

모시대
목을 뽑자
으악새 울음 쏟는

가으내
엷어만 가는
내 맘의 측은함.

그 뿐의 봄

미루나무가 흔들린다
수양버들 흐느낀다

이미 다
끝나버린
당신에의 그 지름길

어쩐다
우릴 넘어간
그 뿐의 봄인 것을.

오미자차(茶)

푼더분 날을 잡아
노을이 짙어졌나

제 마음 끓이다가
붉도록 다 우려낸

당신의
그 오미자차
물들게 들이킨다

달려도 닿지 않는
아직도 머나먼 길

맥문동 꽃대궁의
보랏빛 외침처럼

알몸의
배롱나무꽃
긴 숨을 들이쉬네.

가슴앓이

긴한 말 아니하고
눈치로 지내오며

꿈으로 널 얻어
선잠을
덧들이는

속몸살
열로 뜬 가슴
가래질은 웬 말이냐.

분청 사기그릇 차(茶)

봄
뒷산은 어느 사이 연둣빛 번져가고
녹음은 점차 짙어 마음을 에워싼다
한철을 전하는 빛살 어이도 없을시고

여름
잔잔한 꽃상감에 차내음 진동하여
부들초 연연하듯 찻물도 아롱지고
상기도 나비 같은 날 구름 속의 비 되네

가을
불붙는 저녁하늘 놀빛에 눈을 뜨면
박꽃은 소리 되어 가을을 재촉하고
넌지시 찻물을 우려 산천을 물들인다

겨울
조금은 대견하고 얼마는 따사로운
지루도 하고말고 암팡진 겨울나기
눈 오는 내 옷자락 속 홍분의 나날이라.

다리에서

– 봉화 닭실의 충재(冲齋)

물 위에
길을 놓아
구름을 덧씌우고

살고파
건너뛰던
세상일 아니던가

저토록
찡한 다리가
시달림을 건네주네.

그 사람

밤마다 일어나서
장지문 밀쳐내고

본 듯한 사람 찾아
촛불도 밝혀본다

그 사람
젖은 눈썹에
내 입술 남겨두리

밝은 녘 깨끔하게
명치끝 씻어내고

핏물 든 눈을 헹궈
마음을 풀어내면

그 사랑
푸르다 못해
내 속의 백두 천지.

향일암(向日庵)

해조음(海潮音) 풀어 씻는 돌섬의 바다께로
뜨겁게 불을 붙인 동백꽃 시름 쫓아
언제건 가닿아야 할 승가람 찾아가리

옷들을 벗으리라 마음도 던지리라
끝내는 발가벗고 알몸도 무섭잖는
내 삶의 지울 수 없는 벌레가 되어보리.

이번 가을에는

따숩게 타다 남은 꽃씨들 거둬와서
산천에 뿌려보면 하늘의 별빛 되고
추억의
은은한 시간
은하로 흘러간다

뜨겁게 불을 얻어 노을로 챙겨보면
연 띄운 가슴인지 반달로 짝 맞추어
밤 내내
그리움의 덫
단풍빛 들게 한다.

불꽃놀이

누군가
걷고 있을 그 길에 덧대어

애닯아
넘겨보면 문밖의 몫이었나

하전한
내 숨소리는
불꽃에 그을리고

그 어디
둥지에서 하늘로 길을 놓아

발갛게
까치놀에 몸 태워 불 밝히면

철새도
저절로 날아
지상(地上)은 옛날이다.

어느 가을

잎들은 물이 들어 흙으로 돌아가고
땅의 것 모두 거둬
까맣게 태워 없앤

덧없는
이 가을 한철
하늘만 드높아라.

그 마음

불러도 답이 없는
다 저문 저녁 한때

앙똥한 가슴 속엔
눈물만 고여있어

그 사람
겨운 손 주듯
싸늘한 삶이었소

때로는 곤두박이
더러는 으깍나기

사랑을 묵혔다고
그리움 여태 있나

그 마음
아뜩한 속내
멀미로 드세었소.

봄날은

추위를 넘기기란
참으로 어려운지

혼자서 앓아대다 울음만 쌓았구려

애봄의
붉은 진달래
날 위해 일어나소.

섬이 되어

저물다
가슴 치며
반백(半白)은 이미 넘고

외롭다
되살아서
고희(古稀)를 접어려도

눈 맞출
사연이 없어
세상은 씁쓸하네

그립다
외톨이로
산처럼 솟구쳐도

애달프다
눈물 뿌려
바다를 불려놓고

잠자듯
따가운 섬 하나
잠잠히 가라앉네.

봄물 그리워

장리꽃 몇 이삭
다리 절며 쫓아와
거룻배를 밀어붙인다

목 뽑아 둔덕을 바라보지만
꽃잎들이 인사를 건네려면
아직은 이른 봄볕

버들과 미루
한껏 발꿈치 올려
사래질을 해댄다

살아온 내력 따라
댓숲 잣는 바람도
차츰 연둣빛으로 녹아드는데

흰소리 엮어내듯
신발끈 고쳐 매고
나도 봄물에 몸 담그려 한다.

무지개와 나비

봄날인가
비 온 뒤 무지개 일자
구름은 해를 피해
하늘 높이 떠가고

연분홍 나비 한 마리
꽃인 줄 알고
하늘다리 희떱게
날개짓 해댄다

이 겨울 지나면
눈은 다 녹아
훠이 훠이
풀꽃들 솟구칠테지.

봉두난발의 그 봄이

이끼 묻은 돌담 곁으로
낡은 매화나무 한 그루
절름발이로 기어간다

기지개 켜며 눈을 치뜨고 보면
눈바람에 놀랐는지
풍경마저 쑥대강이의 머릿발 소리

언제 넋을 놓았는지
새 움은 피멍 떨어내며
그저 꽃빛만 흉내내지만

어찌하랴 이 노릇을
겨드랑이엔 봄빛 짙고
나도 쉽게 봉두난발이 되는 것을.

경칩에

낡은 꽃병 씻어다
프리지어 한 다발
꽂으면 어떨까 싶은데

그 생각 하나라도
내 안을 샅샅이 뒤집는
온몸 싸아한 봄내

얼어붙은 개울 옆댕이
미나리꽝 찾아서
코끝맛도 봐야지 싶다

아무래도 경칩 넘긴
요 몇며칠
꽃집 앞은 장날만 같다.

이른 봄나들이

물 맑아 더욱 잔잔한
섬진 나루 건너
산으로 치닫다 보면

모래펄 좇아 내리는
청매(靑梅) 푸른 꽃내음
봄은 너무도 쉬 익어간다

꽃머리 털어 올린
붉은 햇살의 유난함이사
하동에선 드문 일도 아니고

대숲과 후박 잎새들
적당히 연둣빛 먹여
날 더 젊어 보라 하는데

얼마쯤 약이 오르면
나도 마음눈 틔워
찻잎 돋는 자리로 나앉으련다

등허리엔 벌써 이슬땀
이른 봄날의 섬진강도
얼른 와서 물에 몸 담그라 한다.

파촉행(巴蜀行)

겁도 없이 바위턱 내려
자갈밭에 맨발 묻으면
얼음 녹은 물이 고갤 치뜨는
티베트의 강줄기와 한몸이 된다

간간이 선인장의 가시보라꽃
비알과 둔덕 사이
느린 걸음의 이곳 사람과 손 나누면
나도 설산(雪山)으로 향하는 순례자

쉬 부처가 될 수 있다는
눈먼 소망의 흙먼지길에
종일 는개비 뿌려
청성(青城)의 바람벽으로 나서면

내 병의 속내도
이젠 머리 조아려 키 낮추고
숨 가삐 휘어든 고샅길에
두 손 모아 용서를 빌게 된다.

나무들 보기

손에 손을 나눠 쥐고
아랫도리 벗겨낸 나무들의
안개비 자욱한 덕유산
하늘 밑에 나란히 키 세운
저 나무들을 좀 보아라

나를 에워싸는 소나무
잣나무며 낙엽송들
그런저런 이름의 이웃까지
깡그리 몸 흔들며 흥겨웁다
눈 맞추는 나무들을 보아라

쪽진 머리에 서글대는 눈매
독야청(獨也靑) 푸르르게
곧추세운 속내 하며
누구도 어쩌지 못하는
내 나무의 독립 세상

사람들아
영원토록 이 자리에서
나이 차게 그토록 마냥인
참 진실한 이웃들의
저 나무들을 좀 보아라.

봄설악

더는 아침이 올 것 같지 않은
어둠에 설득당해
간곡히 하루해가 저문다
나도 깊은 잠에 든다

창틀 앞의 저물녘은
다른 세상이 놓일 듯
가볍게 산 하나가 드러눕고
희붐한 쑥대머리가 지워지고

어둔 능선에 키를 세워
샐녘의 장엄한 모습 지운
내 허리의 아픔 붙들고
나는 아직도 거품을 뿜는다

비구름 한없이 쏟아져
솔개 그늘재의 안개떼까지
다독거려 겨드랑에 올린 일더위
웃비까지 보태게 되면

저 먹꼭지의 어둠이라니
아우르는 안개몰이가 되어
엊그제까지 몇 겹 더하여
이 봄을 물러앉게 한다.

목련꽃 지듯

급한 봄내의 한낮이다
꽃잎들 지고
그 자리에 바람이 인다

강은 몸을 돌려
잽싸게 길을 흔들고
물비린내까지 흩뜨린

그 너머로 솔빛을 휑궈냈는지
다부진 거룻배 놓아
큰소리로 우릴 을러댄다

나도 내 목숨의 고단쯤
울며불며 흥정하지 않아도
가벼얍게 다 지워버릴 듯싶다.

안흥 못가

연이틀 달이 밝아
웃음기로 별들 지우는데
철쭉이 거기 웃고 섰다

쉬 보낸 내 몫의 이 봄
때로는 꽃샘에 떨기도 했건만
다투는 꽃잎에 더러는 재미를 본 듯

황동백이며 수수꽃다리
흩날리지 않는 꽃잎 어디 있으랴
무슨 수로 그 봄을 넘길 수 있으랴.

산화가(散花歌)

흔들림 같은 아쉬움에
지칠 줄 모르는 성미
내 몸뚱인 봄마다 넘쳐난다

이따금 바람도 청하긴 하나
원래 두려운 마음이사
그 자리에 머물기를 바랐고

너나 할 것 없이
숯검정의 잣대로
십년허(許)에 꿈도 세워보건만

한참은 어둠이라
마냥 꽃을 겨워하는 놀이에
늘 시린 손만 저어댄다.

중말 지나며

이 길
다시 나서기 얼마만인가
참 오랜만의 나들이다

산벚들 잽싸고
배꽃은 엉거주춤
어디 난전 아닌 곳 있더냐

밭은걸음의 산당화
황사가 먹구름 뒤엎고
이승의 행길 다 몰아붙여도

비가 잦은 올봄엔
철쭉이며 조팝꽃들이
나를 여적 달뜨게 하는구나.

도산공원

오늘도 또
도산공원엘 나가 앉았다
깨금발로 건너뛰던 토끼풀들
얼른 낯선 자리에 발자국 심고
다가올 계절을 위해 다시
배롱나무 가지 끝에 불 밝히면
까막까치 어김없이 신갈나무에
우악스런 울음을 뱉아놓는다
세상이 걱정된다며 갸우뚱
비둘기도 도산 선생의 동상 머리에 올라
내가 다시 공원에 온 까닭과
닮은 내일을 기원한다.

한 삶

살구꽃 피면
목련 이울고

소쩍새 울어
뻐꾸기 들먹인다

노랗게 은행잎 날자
귀뚜리는 섧은지

쏟아지는 눈바람에
내 가슴 식힌다

한 삶 돌아 그 자리
나도 이젠 입을 다물어야 하리.

아침상 마련

무즙에 잔 멸치 얼마
바닷풀도 색색으로
엷게 저민 어란과 장아찌
또 말린 김도 괜찮다

뜨거운 입김 서릴라
호호 불어 젓대질
세상의 밝기를 기원해
하루치 목숨을 동냥하면

내가 펼친 상 너머로
잠이 덜 깬 동반자
눈 비비는 인형들까지
고루 아침 인사 나누고

바깥은 얼마나 차가운지
하늘은 맑디맑다
태산 같은 오늘의 걱정
목덜미부터 쓸어내린다.

노랑 혹은 붉음

봄이 익어가는지
산비알을 돌던 구름이
어느새 마른 가지를 휩싸안고
살구꽃 붉음이 된다

밤새 내린 안개도
유채꽃을 적시다가
생각을 고쳐먹었는지
수유꽃빛으로 옮아앉는다.

네 춤을 내가 밟으면

네 춤을 보고 있노라면
추워 늘 웅그리던
내 어깨도 넓어가고
나는 참 행복하다 생각한다

그 춤을 내가 받아 안으면
보드라운 속삭임
입술까지 부풀게 되어
손길잡이로 우리가 걸맞는 줄 알게 되고

네가 추는 그 춤사위
잠시라도 내 발로 받아
이승의 일들 떨쳐내면
도타운 정도 참 헐겁다 느낀다

더없이 맑은 밤하늘의
별들 한꺼번에 껴안는
아, 네 춤을 내 것으로 하면
나도 신이(神異)한 사람이 되고 말던 것을.

세상의 어느 곳
- 향일암 가는 길

바위와 둔덕
그 사이는
안타까움인지 두려움인지

동백과 느티
샛붉음과 푸르름
아니면 입맞춤 같은 것

바다 위의 하늘에서
가맣게 낭떠러지로 매달려
거푸 절만 해대다가

몇 번이고
허리 젖혀 가닿는
관음전(觀音殿)의 한때.

비둘기의 춤

푸드덕이며
혜화동 로터리의 잔디밭에
비둘기가 춤을 춘다

땅바닥에 발이 닿기 무섭게
암컷의 등에 올라
눈꺼풀까지 풀어놓는 것은

더없이 소중한 교접의
성감을 떨어뜨리지 않기 위해
안간힘의 별자리를 눈두덩에 붙이고

절정에 그 맘 두는 사랑으로
어둠 속의 노오란 하늘빛이
풍선이 되어 부풀며 오른다

허청허청
나도 덩달아 로터리를 돌아
감 좋은 풀밭에 날개짓을 편다.

그대 기다려지는

그예 때는 와서
꽃자루까지 벙긋이지만
너무 오래 식힌 마음인지
그만 굳어버리고 말았는가

아무려나 딴청으로
별 밑의 따가움 같기도 하다만
간혹 가슴 붉도록
비 맞을 기대 없지 않다

좌우지하면서 오래
이토록 기다려 선 일
입술 타는 목마름으로
참으로 닿기 어려운 시절 아닌가.

오늘 이 한때

흰 눈발 같게 나는
목련꽃 그늘 아래

혹은 왕벚들 떨쳐내리는
나비떼 고운 절기

그런 날도 마냥 살아서
더한 즐거움 나는 모르고

여느 때보다 가벼얍게
여느 곳보다 마땅찮게

당신만을 생각하는 오늘
이날의 내 미친한 춤사위.

달맞이꽃 놀이

해 떨어지고
꽃은 다시 피어
지고 피고 수없이 되풀이하는……

비 내려 땅 적시면
그 물기 되받아놓아
젖어 흙으로 묻히고마는……

잎새맞이춤, 꽃빛맞이춤
거푸 힘껏 날려보내다가
운애로 지워가는 산들의 하루 같은……

달빛 새겨 날을 받고
구름 새겨 온 세상을
물들게 만들어 흩어놓고마는……

아, 근심걱정 많기도 한
네 신세 한으로 맺어 푸는
그 시름의 꽃들을 매듭짓게 되는…….

봄밤 새우며

낮과 밤이 바뀌어 잠 빼앗긴
설친 꿈에 엉켜
자주 일어나 발을 꼬지만

아직은 밤이 깊다
창밖 저켠은 어두워
호수는 얼어붙은 채 누웠다

땅엔 눈이 쌓여 반짝이며
하늘엔 또 수도 없는 별
이따금 옛일을 되새기게 한다

물 내리는 버들개지 소리에
봄은 동이 트는지
오리떼의 울음까지 날 어지럽히지만

고향에서처럼 찬 몸을 데우는
세상과의 타협을 궁리할 양으로
버틸 생각은 뒷전이 되고 만다.

이 · 육 · 사(李 · 陸 · 史)

너무도 짧은 당신의
생애와 같은 이유는 참 어려웠고
겹치고 겹친 당신의 까닭은
다시 너무 깊어
얇고 더디나 이제 늦을녘에
굴복하지 못하는 의지(意志)의
바르고 곧음은 또 어떤 일인지
한 발자국도 물러서지 않는
사랑의 당신 혼령이 꽃불되고
마르고 닳도록 금강심(金剛心)인
화석(化石)으로 굳을 줄을 우린 몰랐지

뜻의 골방에서 비수(匕首)를 들어
든든한 인연의 끈 끊어내는
오, 당신의 버들피리
'피보다 더 눈물 섞어 마신 술'에
모두가 취하여
'타는 입술 축이기'에 급급한
당신의 마음, 당신의 흔적
'차마 바람도 흔들진 못해라.'

늦은 때의 꽃구경

불볕더위 한창이어서
가슴 더 따가우면
배밀이로도 바람을 쐴 일인가

눈멀고 귀먹어
하릴없는 훼방이라곤 하지만
아무래도 가을은 돌아누워
거푸 몸을 뒤채보다가
달뜬 유혹에 빠진 일 모두 잊고
그늘로 들었으면 한다

뜬금없이 밀려오는
내 쓸쓸과 안달은
넋 아래 묻어놓고 싶다.

저 나무를 좀 보아라

손 바꿔 서로 나눠 쥐고
하늘밭을 일제히 나와 선
저 나무들을 좀 보아라

때로는 해
때로는 달
때로는 별

그런 이름의 형제자매들과
여울소리 빗소리가 어울리는
저 튕김소리의 흥얼거림

몸통 다 일으켜 푸르른
세상 내려다보기의
독야청(獨也靑)하는 저들

오래오래 저렇도록
늘 같은 소리 같은 몸짓
우리들의 그 나무를 좀 보아라.

나무의 길

나무가 나무를 제기고
달음질쳐 길을 내준다
팔꿈치에 돋던 상처와 온몸에 피 당겨
마구 몸 흔들어대며 열심인
사랑 따라 나서는 그 길

세상이 열리듯
여기 저기 저무는 산
아득하게 재 넘어 바람 몰아
가을잎들 붉고 검게
모두 목마르게 하더니

오늘은 또 아무 일 없다
소리치다가 일제히 허리 젖혀
가슴마다 창들을 내고
지난 일들 다 불러들여
사람들로 하여 페달을 밟게 한다

시간 따라 채근도 하며
가속도 붙을 만큼 자리잡는
나무들의 발자국
풍경의 무덤까지 건너다보며
가속도를 붙여 미래로 향하게 한다.

옛 시인 세 분과 더불어
- 삼유우제(三遊雨齊)

비를 먹어 반들거리는
돌층계를 딛고
얇은 길을 돌아서
동굴 하나를 찾아든다

굴은 비탈을 두고
옆으로 강을 흘려
시인 세 분으로 하여
나도 옛 수작에 빠져든다.

수탉 한 마리와 그 여자

– 피나 바우쉬

온몸 궁글려
땀을 뿜어내는
너 춤사위의 가냘픈 딸이여

고통이기도 환희이기도
늘 누누하게 몸 늘어뜨려
끝없이 요염해 보이는 여자여

편하게도 죽음 쉬 건네며
어김없이 요행수 놓아
자신을 자신에 무너지게 하는

아, 어디에 껍질을 벗어두고
알몸으로 날 맞이해주는
두 팔의 적당함, 두 손의 따뜻함

마땅히 온몸 걷어붙이며
짐승까지 세상을 나서게 하는
너, 피나 바우쉬여.

팔레스타인의 후삼 압둘에게

아이야
너를 만난 적은 없으나
네 말대로 천국이 있다면
어디 일흔두 명의 처녀뿐이겠느냐

일본의 저 요카렌이나
이탈리아의 검은 소년병들
그보다 더 먼 중세의 십자군도 그렇지

허기진 네 허리에
폭탄띠와 같은 도시락
단돈 얼마에 허겁지겁했겠느냐

핍박의 무거운 역사라면
제발 떠돌이가 아니길
어머닌들 왜 화가 치밀지 않았겠니

총을 맨 이스라엘 병사 몇
네 편이라 믿었던 이슬람의
아이야, 다 같은 맘 아니겠느냐

사람들 앞에서
바지 벗고 추움 드러낸
너도 네 꿈이 부끄럽지 않더냐.

그 섬 하나가

그 섬
홀로 떠돌다가

물빛이 되어
초록으로 삭는가 싶더니
몸부림에 겨운지 하늘빛이 되고 만다

훌쩍 너울을 벗으면
손발을 비비게 되고
드디어 제 길도 얻게 되는데

다시 물장구쳐
물속 깊이 조아리다가
고갤 빠뜨리게 되는

아, 그 섬 하나
그냥 푸른빛만 되짚었어도
물로 자지러지지는 않았을 것을.

산수(山水)

물이 잠들어 호수 같다는
그 나라의 산들이 멱을 감는지
섬은 고요의 그림자를 깐다

늘 그렇도록 살아왔는지
언제나 물이고자 하는
산들과 같이 스스로 섬이 되어

섬 뒤로 섬
섬 위로 섬
섬 옆의 섬

기어코 섬으로 이름하여
자리를 마련한 듯
첩첩의 산수(山水)로 엮여진다

절로 바다가 깊으면
그림자도 무너져
나도 그 섬의 한 산천이 된다.

종이배

늘 나는 혼자였다고
제 모순의 바다에서
종이배를 띄우지만

접었다 폈다
거듭 꺾는 종이의 갈피 안엔
찌든 손때가 겹쳐지고

짐작보다 더 아득히
키를 높인 돛단배로
물길에 마음을 풀다보면

아주 열심히 퍼담은
내 버르쟁이의 안으로
고요만 젖어 쌓이는데

다음 생애도 너와 함께라면
노 저어 가야 할
섬으로 그냥 멈췄으면 한다.

거미의 섬놀이

작은 나무의 가장귀에
빈손으로 매달려
거미는 밤낮 슬픈 빛이다

헛웃음에 더러는 눈물 같은
이슬방울들 흔들어대며
참 요상타고 탄식도 해보지만

깜깜한 눈물의 또랑에
어리석은 닻을 걸어
기러기의 울음까지 퍼다 담는다

몇 번이고 허공을 돌아
그네타기로 돌아온 이 밤
거미는 섬놀이에 헤쳐나올 줄 모른다.

섬 그림자

어둠 안에서
섬이 눈을 뜨고
나와 더불어 소꿉질도 한다

두 어깨 추스르며
눈자위를 문지르다가
갑자기 자맥질을 하기도 하고

잽싸게 덜미를 뽑아
아랫도리까지 더듬으며
제 키를 치솟게 한다

때로는 작은 돌 몇 개로
발밑을 괴며
제 키를 가늠하기도 하지만

바람이나 구름 따위
돛이나 삿대까지 고루
든든한 그림자로 곁들인다.

안면도 여름

천수만을 주름잡는 둑을 타고
바삐 바닷목에 가닿았으나
나는 한참 만에 차를 버렸네

소나무숲 사이
늘 푸른띠 둘렀던 마음에
어깃장 주는 걸음으로 몸 일으켰으나

한나절은 짠내로
나머지는 속 절이는 자맥질로
황해 나들이를 즐겼으나

햇살 곧고 바람 맑은
좋은 물목에다
바닷섬 몇을 불러보았네

영목의 좁은 길목으로
바다며 하늘을 깡그리 매달아
내 길 펴기로 무척이나 나는 애를 썼었네.

범섬에서

제발 오늘 밤만은
달이 뜨지 않았음 좋겠다
달맞이꽃 지천인 뭍으로
바다를 끌어다 놓았는데

몇 척의 오징어배도 다가들어
환한 대낮을 보태고
큰 너울까지 일게 하여
내 몸뚱일 무너뜨릴 모양이다

몹쓸 저 파도소리
동네 개까지 다 깨워
아는 체를 하는 이 밤
꼬박 밝혀야 했던 범섬의 직성이라니.

랜드마크 3217호실

눈밭에 발자국 묻고
덧보탤 길을 다져도
갈 데란 없구나

누군가 거기 숨어
소리쳐 날 부른다 해도
발 디딜 곳 전혀 보이지 않고

나무숲도 고개를 저으며
생의 아랫마을 가리켜
우리를 버린 뜻도 찾게 하는데

널찍이 두 귀 열면
소리마저 꽁꽁 얼어붙어
북녘의 땅은 깊은 잠에 빠지고

깊이 묻혀 세상이 보이지 않는
얼음 천지의 낯선 섬
그곳에는 나는 손발만 털고 섰다.

북해(北海)에 와서

뭐라카노, 니 뭐라카노
자작나무 저 숲머리
두 귀 활짝 열어젖혀도
귀울음밖엔 들리는 게 없는데

구만리 장천의 이 얼음밭
길도 얼고 물도 얼어붙어
땅끝 표지만 오뚝한 곳
서툰 날개짓으로 날아보건만

저승 아니고 이승도 아닌
얼음지붕 밑에 누워
내가 머물 섬은 아니라며
혼자 소리쳐 보지만

어쩌다 튕겨본 화살마냥
부메랑으로 되돌려져서
얼음바다에 왜 왔느냐고
나 뭐라카노, 뭐라카노.

저녁답 숲에 말을 건네는 것은

아무래도 거짓말만 같다
저녁답에 숲에다 건네는
그 말이 내 것 아님을 아는 일도

누가 보아도 몇 그루인
그 앞에 뒷짐지고 선 나무들이
내 말상대가 결코 아님을

어스레 풍경 지워져
어둘녘에 혼잣말 해대고 있는 양이
가슴앓이라도 하고 있는 것임을

갑자기 아무도 없어져
천지는 드넓고 어두워
내가 꼭 필요하냐고 을러댐도

아, 몇 번이고 죽고 또 죽어
큰 비 쏟아지기 전의 는개인지
아니면 적요인지 모를 그 일마저.

인생이 그러하듯

간밤에도 눈물로 너를 보았다
나를 두고 달아나는 너를
애써 지우려 들었지만
좁은 골목의 바로 코 앞
잠 벗는 아침은 눈이 시렸다

퉁퉁 눈 부어
내 마음 소태 같았고
절뚝이며 좇는 너를
늘 그렇듯 말없이 따르다가
한사코 말리려 손 저으면

길은 늘 따로 나 있어
외딴섬에서의 내 삶 또한
늘 그러하듯 이 아침도
여느 날의 하루나 다름없어
힘이 들고 몹시 겨웠다.

가을비를 안고

늦비 같잖게
부슬대는 비를 안고
해종일 떠다녔다

왠지 까치놀이 좋겠다 싶어
한나절 나도 비로 나앉아
온 날을 젖어 있게 했는데

가슴 속까지 물기 번져
속앓일 삭혀낼 듯
그러나 끝내 질척이며 절뚝거렸다

이젠 잘 보이지도 않는다
앉아 쉴 내 땅의
비에 절어 발도 잘 닿지 않는다.

바다 건너기

거푸 마신 커피에
녹차까지 덧보탰는지
온밤 잠 못 이뤄 뒤척였다

날짐승도 길짐승도 아니게
눈 감고 침상 더듬으며
숨 몰아 기어다니다가

억장 무너질 한숨에
엉거주춤 다시 눈붙인
바다 건너기의 모험

푸념 닦고 속내 뒤집는
섬 하나라도 차지할 수 있을지
오늘 하루점이나 쳐봐야지.

호치민의 집

기둥 넷에 댓발주렴
들인 것 하나 없이
거칠기만 한 바람벽
다락 하나만을 걸어메고
적막 같은 그늘을 둘렀네

고즈넉이 얼음발 되었는지
땅속 깊은 데 마음을 묻고
삿갓까지 거두어들인 듯싶게
기운까지 다 빼앗아 처량한
내 손 감싸주기의 깨우침

죽은 자여, 제발 일어나다오
적이 어떤 것인지
당신은 또 누구인지
이승을 보이고 저승도 훑는
어둔 내 꿈을 깨어나게 해다오.

찻잔을 받아놓고

아무래도 내 가슴보다야
크고 투명한 창 안쪽에서
따로 찻잔을 받고 싶었다

담배를 즐기는 창밖의
맛스런 연기 뿜는 저 여자와
그 여편의 등등거릴 상정해 보다가

문득 뿜어대는 안개머리에
줄행랑이라도 치고 싶은
나도 한 행방이 되고 싶은 게다

아까시나무의 잎들로부터
가까이 다가온 등나무 꽃순까지
훑어가는 바람이라도 좋겠고

비 온 뒤의 감나무 잎같이
반짝이는 햇살의 너울에
한껏 나도 뽐내고 싶은 것은

울타리 둘러쳐진 충동 넘어
굽이진 세상의 챗바퀴 소리마저
쓴 찻맛으로 달게 받았으면 싶은.

16.

내 안 뜨거워

책을 내면서

다문다문 썼던 시조들이 또 한 권의 책자로 엮어진다. 새삼스레 우리 말글의 향취에 쏠린 늘그막의 바람이라, 비록 서툴고 어설프긴 해도 맵고 짠맛에 취하여 스스로 만족하다보니 세 권 남짓의 작품집을 갖게 되었다.

거나해진 취기인가, 속이 뜨겁다. 그래서 『내 안 뜨거워』란 제목을 붙이고 쉽게 식지 않았으면 하는 간절한 마음이다.

부끄러움 모르는 노년의 욕심으로 탓하지 말고 어여삐 보아주시길 당부한다.

2009년 2월
성춘복

가뭄세상

은비늘 돋아나서
비바람 사라진 뒤
　　뜨거운 한낮으로
　　하루해 가물대면

풀잎들
시들거리고
세상은 문을 닫네.

이웃고 풀벌레가
목청도 쉬어버려
　　비마저 물소리를
　　잊은 지 오래이고

세월도
가마아득히
만사가 서걱이네.

솔개처럼

우리가 길을 놓고
　　길마저 세상 잃어

스스로 빠져들던
　　흙탕의 저 부끄럼

아득히
　　높이 오른 새
　　세상도 안 보인다.

이상한 나라

첫눈이 잔뜩 내린 낯이 선 땅에 서면
　　앙감질 하는 투가 참으로 이상하다
　　　　　　이승이 떫기는 해도
　　　　　　　　　속의 뜻 채워야지.

이토록 늙붉음도 가슴일 아니더냐
　　길 밝아 떫었었고 내 안은 뜨거워서
　　　　　　풀벌레 울다만 노래
　　　　　　　　　버린들 어떠하리.

노을녘엔

절정에 이른 듯한 노을을 보고싶다

귀가(歸家)의 새들이 날갯짓 하고 있는

까맣게
재가 되고만
줄행랑 저물녘을.

땅거미 그 어둠에 그림자 심어놓고

스스로 선한 마음 한 번 더 생각하는

서둘러
돌아서야 할
저켠의 어둠길을.

낯설음

이슬빛
얇은 방울
구슬로 모아들고

호수 속 깊은 골로
제 안을 채우더니

어느덧
바다가 되어
하늘로 흘러가네.

아득한
길이었고
모란꽃 웃음인가

그 안을 뒤져보면
내 길도 낯설거니

어쩌다
그 걸음 멈춰
제 모습 보일건지.

분잿깃

허리춤
빈 데다가
세상은 희멀겋고

한낮은 벌써 지나
저문 길
바쁘구나

쫓기듯
달려나간 몸
분잿깃 흩어진다.

마음갈이

가슴에 들끓는 것
어디건 없을소냐

귀 씻고
눈 닦아
맘까지 비워내면

계절도
하릴 없는지
왔다가 그냥 간다.

하늘이 푸르러서
몸 줄여 가쁜하나

오늘은
또 꽃빛에
속 태워 곰살갑고

풀잎에
올려진 이슬
맘같이 맑았어라.

어떤 하루

흰 눈발 말갛도록
산그늘 이울더니

지평을 그어대며
바람까지 밀려온다

가슴 속
아프게 담은
내 숨통의 한나절.

부끄러운 일

쟁반에 달을 올려
짧은 말 익혀왔다

'다이도 밧고 크다'
'마이나 또이또이'*

무시의
천둥번개로
버둥대는 세상일

*'달도 밝고 크다' '말이나 또렷 또렷이'의 혀 짧은 말.

누군가 뒤에서

오늘도 절망인가
녹슨 손 뒤로 잡고

먼데를 바라보니
깨꽃도 웃음일다

꽃 이울
무덤의 탑을
너와 함께 거두리.

어쩌다
빈 가슴에
노을빛 채웠기로

마음에 이름 붙인
마지막 문패였나

다 저문
이승의 하루
좇는 듯 따르리라.

꿈길로도

너희들 새삶일랑
꿈길의 하루였지

천만 번 거듭 나도
세상이 될까말까

가슴 안
소망의 토굴
어둡기 그지없네.

목숨은 바스라져
흙으로 뿌려지고

발자국 깊었던 곳
흙무덤 되단말가

그 값들
단단히 굳혀
눈물로 뿌리려나.

세밑에

언젠가 그곳에다
내 닻을 내릴 터다

흐르는 소용돌이
인생도 그렇거늘

손들어
피안을 돌며
수렁을 벗어나세.

몸 속에 가시 돋아
고통의 나날이고

제 살에 불을 놓아
소방일을 하려들면

뒷짐진
허리나 꺾어
봄날을 불어보세.

변 명

햇볕이 하도 좋아
늦게사 길 잡는다
　내 발에 너부죽이
　질경이 엎드리고
　　　밟아도 일어서는
　　　겨루기 하단말가.

내로라 큰소리쳐
되짚어 살아온 날
　솟구쳐 뒹굴어도
　설익기 마련인 듯
　　　아무런 후회도 없이
　　　어제대로 가고지고.

네 손짓

간밤에 나는 죽어
두 손 다 접었는데

오늘 새벽 다시 깨니
마음조차 얄랑궂다

아뿔싸
닭 우는 소리
만물을 일으켰나.

눈도 채 뜨기 전에
안개는 다 가시고

햇발도 눈높이로
속앓이를 하시는지

네 손짓
들판을 질러와
꽃으로 화답하데.

상사꽃

어쩌면 어젯날은
꽃무릇 같았거니

그리움 섞어가며
어여삐 꿈을 접고

오늘은
맞바람 타고서
천지개벽 하는도다.

땅속의 속뜻같은
귀엣말 나누었나

기어코 손을 들어
맞바람 맞았거니

유혹의
저 꽃팔매로
종주먹 쥐게 한다.

이녁에게

솟대만
보고 살다
저리도 높았구려

밤하늘
더욱 아뜩
별에 가 닿았네요

꽃단장
어여쁜 마음
너를 닮아 새빨갛다.

바람의 시

온힘을 쏟아붓고
꽃밭으로 다가들면

두 손을 내저어도
눈속의 부처여라

살갑게
못을 박는 일
마냥 가슴 쓰리다.

버릴 것 여직 많아
속내로 땀 흘리고

다 지난 세월 속을
간신한 발돋움이

그리움
울타리 삼아
바람으로 읊조린다.

동백송(頌)

더 없게 눈이 부셔
열애의 전생인가

바다 속 높은 산도
여기선 방울물

절정의
뜨거움이사
낙환들 두려하랴.

아무래도 밟히는
돌아선 발걸음이

버리긴 아깝다고
안타까움 업어오랴

찬바람
매섭기로니
내 마음 돌이키랴.

고백하노니

너와 나
나뉘어서
멀리를 바라본들

다음의
둘보다야
더 잘게 쪼개어져

우리 둘
지쳐간 이승
강물로 합치려나.

꿈의 길

비 실은
장마 들녘
푸르게 나는 갔다

옛날을
기다리다
이렇게 이르른 곳

네게로
다가선 그 길
숨은 꽃의 그 자리.

달맞이

이 밤도
달 기울면
한숨의 구름잔치

날 새운
가슴 깊이
눈물의 우듬진가

그 뉘가
새벽강 되어
따가운 손 빌리겠나.

구름카페

어제도 그날인 듯
언제나 오늘이다

애태우며 찾아나선
꿈길은 접어두고

내일은
새바람 얻을
작정인들 아니하랴.

간신히 말을 맞춰
마음 속 다잡아도

손발 간신히 갖춰
하루해 만들거니

어여쁜
팔매질이사
쉽게 대해주리.

저승에서도 그대를

짧으나 함께 거둔
삶은 한도 있으련만

늦게사 얽은 연분
이 노릇을 어쩌나

저물어
만난 까닭이
애간장을 삭힌다.

혹여나 저승에서
길목을 잘못 잡아

그 얼굴 낯이 설어
알아보지 못한다면

딱해라
곤한 신세로
내 설움 녹일 거다.

꿈으로

온 밤을 다 뒤지며
　　끝간 데 훑고마는
이 세상 닿는 길을
　　빈 방으로 채우려도
그 꿈이 가당치 않아
　　야물지 못했는가.

화로엔 찻물 식고
　　그 고장 바람천지
입 다뭄 지나쳐도
　　내 속은 비기 마련
어쩐다 기다림의 일
　　발치에 세울 것을.

여보소

이만큼 살아왔음
흔들어 깨워주고
헌옷을 쌓아가듯
헐값에 팽개침은
두려워
묻지 못해도
마련을 어찌할꼬.

꽃빛의 나날이사
덧대어 펼쳐보면
그 빛도 그때처럼
애달픔의 나래인걸
여보소
가슴 부빌 일
너에 닿아 비가 되리.

봄노래

어느 적 거리에서 배밀이 하려다가

흐르듯 소용돌이 인생을 들이거늘

편안케
피안을 돌아
수렁을 벗어나리.

물 속에 가시 돋친 고통의 나날인가

제 넋에 바람 놓아 풍경을 그려놓고

뒷짐진
허리 에둘러
봄노래 불러보리.

귀뚜리의 노래

뚜르르
뚜르르륵
어둡고 깊은 밤에

뛰르르
뛰르르륵
귀먹어 적막강산

갑자기
눈귀 다 밝힌
그리움의 저 노랫말.

풍선으로

단 한 잎
꽃을 꺾어
풍선을 만든다면

두 낱의
깃을 들여
산 위로 띄워 놓고

꽃 심듯
화덕의 불씨
멀찍이 아니보랴.

수석(水石)

혜산(兮山)과 더불어서
전봉건의 남한강에

검정돌 주어온 게
어느덧 수삼십 년

어쩐다
저 돌 젖어서
땀 닦고 울어대니.

그때는 업고 와서
앙금을 씻었지만

뽀얗게 말랐다가
또다시 윤이 나는

오늘은
힘에 겨운지
창밖을 내다본다.

어디를 갔다와도
젖지만 않았다면

그 길의 끝간 데를
막아서진 않으리라

단단한
마음 문으로
열쇠나 채워두자.

꿈속

삼월은 푸르렀고
유월은 또 붉었다

창밖은 늘 바람이
꽃 꺾어 네게 주니

누군가
버린 세월의
콧노래 장단이다.

이승의 난간에다
벗은 옷 걸쳐두고

여태도 잠이 들어
눈부신 꿈속인가

하루 내
손사래친들
어디로 달아나랴.

축생의 겨울

말없는 생명이라 아우성 못 치는가
몇 생을 뛰어넘어 다른 삶 된다 한들
단단히 주술을 익혀 제 삶을 건너뛰네.

다시는 향그롭게 돌아갈 수 없는가
차갑게 몰아치는 일월을 딛고 넘어
안개 속 스스럼없이 회오릴 붙들어라.

신열로 꿈을 얻는 우리의 잠꼬대를
보이진 않게스리 엮어서 얽어매고
말문을 여닫게 하는 가슴에 묻어두자.

성미

구천을 떠돌다가
　　찬물을 끼얹어도

에둘러 다가서는
　　안개 속 고향길이

불같은
내 성미라서
눈물만 쏟아놓네.

손끝에 피를 돌린
　　답답한 병이었나

절망과 속을 바꾼
　　고독의 저 발걸음

내 속은
불치의 병으로
아무려나 어렵겠수.

갈 길 아득해

떨어진 꽃잎 하나
이름으로 달아놓고
　　샛길이 어두워서
　　갈 수가 없었는지
　　　　　캄캄한 골목길 앞서
　　　　　울음만 쏟아붓네.

한 번이 아니라며
두세 번 목을 놓아
　　촛불을 얻어다가
　　길 밝혀 물어보면
　　　　　본 것들 다 잃어버려
　　　　　갈 길이 막막하네.

초사흘 밤에

초사흘 어둔 밤에
바다가 혼자 운다
　　속내를 끓게 하는
　　먼 섬은 묵묵부답
　　　　　제발로 찾아든 나를
　　　　　박대하면 어쩌나.

몇 가닥 피운 꽃을
가슴에 꺾어 달고
　　뜻있게 지은 이름
　　마음에 새겼으나
　　　　　놓친 삶 어디에 둔들
　　　　　엉뚱한 탓을 하랴.

메아리

우리가 가지 못할
버리고 가는 길을

어둠은 내색 않고
보일 것도 없단다

비바람
세찬 몰이에
맨발은 어떻겠소.

설움에 정은 밝아
등불을 내다걸고

떫은 듯 한 세상을
맨입에 담다 가는

어쩐다
어제의 어둠
메아리로 풀릴 것을.

푸념

아무도 보지 않을 새벽강 일깨워서
푸념의 옷가지들 빨래로 말려본다
세상사 나무라기란 탓하기 쉬운 것을

지는 꽃 들춰매고 봄볕을 찾아가면
힘들어 애가 타도 하루는 가벼웁다
오늘의 상심 하나쯤 칼끝에 베기 쉽고

풀벌레 한 마리가 달빛을 뒤적뒤적
가랑잎 한둘쯤은 노래로 엮어내는
묵은 빚 벗어놓고자 밝은 달을 탓하도다.

나무를 본받아

제 몸을 감싸안듯
나무를 본받으면

사람의 나이쯤도
둥글게 감싸안고

몇 백 년
더 넘게 사는
마음을 닦아주리.

칼바람 쏟는 비도
언짢게 삼지 말고

산의 뜻 강의 말씀
그득히 거둬와서

발아래
굽어본다면
얼마나 좋으리까.

달 밝은 날

날마다 새잎 돋아
달빛이 물이 되는

구름을 건너와서
꽃잎에 수를 놓고

내 가슴
붉은 강으로
철썩대며 흐른다.

불 속에 뛰어들어
따습게 살다보면

꽃불의 관솔불이
가슴에 끈을 대어

젖도록
하얗게 말라
귀 곁도 얇아온다.

꽃길

바람에 흔들리니
꽃이라 꺾어두자

정이 든 그 빛깔이
화나고 몸살 나서

그 좋은
푸른 하늘도
안타깝고 서글프다.

하룻밤

까맣게 비 내리고
어둠 뚫는 바람소리

거들난 내 잠자리
널브러져 들쑤시고

한참은
먼동에 가려
이슥함만 탓했었다.

새벽은 축생이라
금순이가 소리쳐도

이어진 목마름에
'풍경화'만 젖었는가

가야 할
내 길은 어디
온종일 헤맸단다.

*금순이: 당나귀의 이름

풍경 저쪽

녹청색 기품으로
단아한 그 자태가

눈으로 익혔었고
몸으로 당했거니

맨발로
찾아든 이 길
잊을 리가 없으리.

휘도는 물굽잇길
부들초 휘황한데

갈대섬 저만치에
오롯이 세운 성곽

언제든
아무 말 말고
죽은 듯 쉬어가자.

양수리의 하루

오늘도 양수리로 물가를 찾아간다
간밤의 큰고니떼 그대로 가지런코
웬만한 몸 뜨거움은 찬물에 씻고 싶다.

안경을 고쳐 쓰고 물 건너 살펴보니
애틋한 사연이사 있을 리 없겠으나
남 몰래 거두고 싶은 가솔이 따로 있다.

한나절 그냥 서서 흐르는 물 지키면
저물녘 황금빛에 구름도 지워지고
하얗던 백조의 무리 까맣게 물이 든다.

웃자란 내 마음이 눈앞을 가려서서
꽃내의 흰구름떼 웃자라 어둑하다
그제는 눈을 뜨려도 세상이 지워주데.

비밀한 구좌라도 들어서 감추었나
익명의 꿈을 꾸어 안궁궐 차리고는
너희네 모두를 불러 내 뜰에 놓았으면.

밤 이슥히

잎 내고 꽃눈 틔운
봄밤은 차건만

엷은 듯
어둠 뚫어
켜켜이 포개놓은

내일은
꽃비가 내려
내 세상을 밝히리다.

물난리

산허리
베어내랴
혓바늘 돋아난다

길손들
어이하고
뚫린 듯 훑어내는

이 여름
어두운 소리
꿈마저 저며내네.

내 키를
뛰어넘어

삶조차 흩고마는

그토록
깊이 챙긴
원한의 이름값쯤

그렇다
묻지를 말자
죽음의 셈법은.

낯선 돌부처에게

꿈쩍 않고 그냥인
눌러 앉힌 긴 세월

당신의 책상머리
그 무릎 보아내면

뜨거운
마음자리도
차디참을 바랄건가.

하루 이틀 아니고
어기참 훌쩍 넘겨

낯설음 따가웁게
잘 다져 보드라운

귀띔도
놀라움인지
딱딱함을 녹이데.

가을이 다 갈 무렵

하늘로 머리 두고
아쉬움 속삭이듯

나뭇잎 다 졌는데
마른 잎 두엇 남겨

지난 일
그 빛이 부신
새날을 밝히누나.

해 지자 달은 올라
사위는 엎어지고

귀뚜리 어디선가
숨소리 묻혀 와서

젊은 날
태우던 흉내
내음으로 뿌리누나.

고니떼

다 비운 하늘이고
다 내린 물이었다

달인 듯 저물어서
섬인 양 둥둥 뜨는

미사리
저 흰 백조떼
물 속에 길을 내네.

길

문 밖에 길이 틔어
언제건 나아갔고

길은 또 어디서든
끝이 없어 흐뭇했다

가슴 안
깊숙한 움막
창이 없어 어두울까.

속의 속 따갑도록
세상일 뚫었었고

앙감질 내가 걷는
섶과 무 되돌려서

천지간
바람만 들게
길이나 뚫어보자.

남녘은 이제

문수사(文殊寺) 바라뵈는
지리산 저 둔덕에

자운영 붉디붉어
영산홍이 가슴 따나

섬진강
맑은 물빛에
하늘도 닮아가리.

해종일 흘러내려
버들빛 치마인지

봄빛도 갈 길 막혀
젖은 손 내려놓는

저 강물
반짝대다가
바다를 잃고 말지.

스케치북

빈 공책 펼쳐들던
그 시절 돌쳐서면

녹음 속 귀뚜리도
더위로 초조롭고

비 맞아
나무백일홍
핏빛이 되고 만다.

꿈으로 안고 살던
침묵의 터인 공간

뜻밖의 행운인들
알뜰히 찾아내어

요행 밖
마음으로도
나를 더욱 잊게 하네.

꽃이 피듯

마음 속 밝은 샘을 해마다 길어내서
그리움 낮추도록 뜨락에 뿌려주고
새 꽃잎 기다리는 맘
맑은 듯 웃어대네.

옛적에 뿌린 씨앗 어떻게 솟아났나
하늘이 준 은덕 목청껏 답하는지
때되면 오는 버릇이
이름조차 잊게 하네.

또 한 삶이

잎새로 반짝이는 나무들 봄잔치에
강물을 잡지 못해 안달을 못할꺼나
그 마음 야단법석은
평생의 도량일세.

추억의 첩첩산도 한 철의 담장밖 일
하늘도 무심커니 억겁을 꼬나보면
내 곁의 하루 같은 일
올해도 똑 같다네.

새벽 커피

첫인사 알뜰해야
속셈이 밝아오듯
새벽차 으뜸이라
향기도 그러하다

닫아건 이 맛, 씁쓸이 제격이라.

한낮의 어둠일랑
동틀 녘에 말끔히
몸 닦고 마음 데워
하루를 자아가니

평생을 먹으로 치듯 내 삶도 그러하리.

세상의 어지러움
어느 뉜들 원망하랴
나 혼자 비우고도
찻잔을 들다보니

그 어둠 들이키는 일, 가슴까지 후련하다.

물안개

내 고향 남녘땅에
돌려앉힌 울음인가

　　마음도 불길 같아
　　물길로 접어두고

이제사
적막의 텃밭
돌아보며 웃음 씻네.

손 발 다 씻은 다음
빗소리 거둬두면

　　한겨울 다가와서
　　아무래도 안쓰럽지

추위에
더 붉은 꽃말
물안개로 지워보네.

섬진 나들이

내 안에 기를 돋워
꽃소식 들춰내면
섬진의 나루에도
꽃빛이 출렁인다

먼동에
매화향 잔치
불놀이를 하나보다.

올봄엔 나도 한 번
먼 길을 돌고돌아
하루가 짧다 해도
이틀을 달리랴만

그 버릇 어디다 버려
오늘을 기다렸나.

한나절 둘러보고
어깨 좀 들썩이면
맨발로 잽싸게도
꽃빛은 묻어와서

지리산
아득한 골짝
꽃가루에 몸살한다.

놀빛 경호강

꿈길의 노을빛은
불새의 그림잔가

경호강 바투 앉아
바라본 저 눈발이

갑자기
길섶에 솟아
한겨울도 따갑구나.

올해의 봄은

건들마 잠시 멈춘
가랑비 들녘으로

다시 밝는 꽃구름에
봄꽃들 피고 져서

내 마음
저리다 못해
끄느름 찾아 숨네.

하늘이 푸르렀나
강물도 맑았느니

꽃구름 너무 짙어
세상은 꽃물 천지

내 손발
이슬비 젖어
꽃빛이요 불빛이네.

사랑은 예의거니

찬연한 진달래가 웃음기 머금기로
참새들 종알대며 햇살까지 흔드는
참으로
올해의 봄은 어여쁘게 왔었구나.

그 봄빛 더디어서 기지개 켜대다가
풀들도 나무들도 깡그리 눈 맞추는
우리 집
담장 안팎은 살맛나는 처소였지.

너부죽 살림들을 나누며 살기 앞서
이웃이 으뜸이고 어여쁨 뒤를 잇는
버금의
잊을 수 없는 베풂 또한 사랑이리.

나누는 사람들의 은혜로 일구어서
손사래 내저으며 하늘 미움 거두는
그 마음
큰 잔칫상은 사랑의 기쁨이리.

고달사지

가냘픈
시누대 몇
내 이웃과 친구했나

앞여울
얕은 물에
온몸 털어 가벼얍고

가만히
건너다보니
그 절도 온전쿠나.

된서리
찾아나선
어깃장 걸음에다

조금은
한가로이
가슴마저 내려놓는

되씹다
토해내 듯이
옛일만 그립구나.

명당자리

풀잎들 늘어놓아
하늘빛
펼친 그곳

산빛이 더욱 좋아
물길을
찾게 되네

바람의
꽃잎 진 자리
밖인들 싫다 하리.

가을을 향하여

이녁은
아주 멀리
손 저어 나앉았고

샛붉은
목백일홍
엊그제 같았으나

더위도
한물을 지나
참담한 신세렷다.

백문동
차디찬 꽃
저리도 태연하고

고개를
꼬나들고
능수화 웃어쌌는

그 아래
내 속뜻을랑
어디 누가 기려주랴.

흰 연꽃밭

속 깊다
물길 열면
한없는 초록 잎새

꼿꼿한
흰 꽃잎들
터뜨려 하늘이라

때때로
속을 보이는
절간도 섬이 된 듯.

세월

현기증
그득하여
좋은 술
다 버리고

길 밖의
세월 찾아
한참을
헤맸나니

우리가
가야 할 거리
재 너머 세상일세.

이승의 한때

스르르 허물어져 키마저 얕아지고
부서진 혼령으로 정신도 희미해져
목마른 한 방울의 물, 숨이 차 가쁘도다.

존재의 소멸이란 이렇듯 허전한가
무력한 기운 꺾여 낮은 데로 엎드리면
쉼없는 고단의 평생, 기릴 적이 없도다.

외딴 섬 혼자이고 눈길도 가이없어
꽃바람 맞은 적이 한 번도 아니언만
이승의 보랏빛 잔치, 짓궂음 같았어라.

차 한 잔으로

찻잔에 달인 물이
차분히 길들여져

새옷을 갈아 입 듯
맑은 향 색깔되면

잔잔히
마음 고른 듯
내 안을 끓여댄다.

차분히 다가들어
차맛을 그리자면

가슴을 누른 다음
입다뭄 다스리고

지그시
눈감은 자태
뉘 앞인들 못할쏘냐.

17.

봉선화꽃물

책머리에

이 시집은 나의 16시집이 되는 『내 안 뜨거워』를 시조로만 묶어내고 싶었기에 2005년 4월의 고희문집과 함께 낸 제15시집 『그림자놀이』 이후에 발표한 시작품을 따로 모아 제17시집을 엮는다.

'책끝에' 소상히 밝힌 바와 같이 놀녘의 이 작업들은 단순한 생명 연장의 선상에 놓을 일만은 아니다. 자신을 지키고자 쓰고 읽는 일이 창작의 직분임을 알고 있기에 이전과 같은 달음질에 채찍을 들었을 뿐이다.

스스로를 위하여 부단한 노력을 경주하는 것은 젊은 동력을 얻는데 도움이 되고, 또 충분한 상상의 뒷받침도 절실하여 부지런을 떨며 더 노력하고 좋은 세계를 보이고 싶을 따름이다.

기축년 초봄에

성춘복

풀들처럼

- 풍경화 · 1

지천으로 깔린 풀들 보며
오늘은 갑자기
내 믿음도 저와 같거니
애써 자신을 위로하다가

괜스레
들판이고 둑방이고
풍금소리 흉내의 흥얼거림으로
춤사위를 불러내다가

언젠가 나도
저래 봤으면 하는
어쭙은 욕심으로
어딘가에 자신을 던져두고

풀들처럼 아무렇게
쭉쭉 뻗기나 해서
바람 앞에 너부죽이
한껏 고함칠 수 있었으면.

봄밤
- 풍경화 · 2

밤이 깊다
창밖의 저켠은 아직도
죽음보다 어두워
호수는 언 채 누워 있다

눈이 쌓여 땅은
유리조각처럼 반짝이고
하늘엔 수도 없는 별
물빛의 옛을 되새기게 하는데

낮과 밤이 바뀌어
지금은 잠을 빼앗기고
설친 꿈들에 뒤엉켜
가끔 발을 꼬곤 한다

동이 틀 무렵
물 내리는 버들개지의 소리 때문인지
겨울을 달려온 오리떼의 울음까지
내 귀를 어지럽히지만

고향에서 그러했듯 가끔
찬 바람에 몸을 말리며
세상과 타협할 궁리를 하는지
추위쯤 넉넉히 버틸 생각도 한다.

나무들을 보아라
- 풍경화 · 3

지지난 해
내가 보았던 그 자리에
그대로 멀뚱히 서 있는
저 나무를 좀 보아라

내려다만 보고 여태
있는 대로의 말로 옹알이를 해
다 쏟을 것 같은 낙엽송들이라니
귀를 좀 대어 보아라

독야청(獨也靑) 푸르른
팔을 치켜 올려
아우성인 평생의 내 잘못을
달게 받는 늘푸른 나무들이여

두어 뼘의 키 돋우어
맑은 햇살로 머리를 감고
영원인 양 나붓대기만 하는
나의 저 숲들

지나는 바람 후리쳐
순번 없이 품어 안았다가
방랑의 내 길 앞에 일으켜 세우는
그 나무들을 껴안아보자.

낙엽 구르는 소리

– 풍경화 · 4

새끼오리 몇 마리 뒤뚱대다가
내 앞을 가로막고 나서서
제 발자국 뒤집으며
낙엽 구르는 마른 소릴 해댄다

세찬 바람 매섭게 몰아쳐
어둠 속의 잔디를 서릿물 들이고
기러기 돌아갈 하늘길 지워
젖은 발이 되게 하는…

거개의 나무가 잠 속에 빠지고
내 집 위로 먹구름 떠돌며
추위에 모두 몸피 줄이는
문들 꼭꼭 닫아거는 계절이 왔구나

사람 사는 세상의 이치도
그와 같아서
꾸리며 재우는 버릇 따위
날 닮아 돌쳐서는 길은 멀기도 하더이.

해질 무렵

– 풍경화 · 5

다 자란 나무들
산비알로 가 숨고
풀꽃도 어둠으로 자지러들 무렵
몇 개의 점으로 새들은 날다가
노을 속 흩어져 사라지고 말면
바람이듯 구름은 끝없이
서쪽으로 끌려가 피를 토하고
정말 어쩔 수 없는지
나도 묵은 갈대잎 속의
저물녘이 되고 만다.

초여름밤의 휘몰이판
- 풍경화 · 6

불길이 인다
건넛산은 아까시 꽃내
가시잿이들도 길섶으로 쏟아져내려
우리를 반긴다

비탈을 타고 오르면
굽이 끝은 비리내골
산목련도 취해 있는 듯
고광나무 곁에서 흰빛이 되어가고

물소리며 자갈여울소리까지
잠든 나무를 빠짐없이 깨우는지
꽃과 잎새들 마주보게 하여
내 오지랖에 손을 묻게 한다

하늘은 더욱 푸르러
바다까지 내몰렸으나
부신 나뭇잎의 날갯짓으로
온 산천을 달뜨게 하고

저 어둠은 그믐
우리 가운데 불을 놓아
불똥이 한창일 즈음
한꺼번에 별들은 깨어나 찬연하기만 하다

불길이 솟구친다
기찬 마음의 담장 너머로
해종일 타오르는 짙푸름
내 앙감질로도 휘몰이판은 너끈하다.

꽃값으로
– 풍경화 · 7

우전차(雨前茶) 한 잔으로
봄내 그 댁 주인 앞에 앉아
늦은 오후의 한때나마
나는 취해 있었다

꽃다운 시간이었다며
이녁의 말씀도 꽃빛
내가 들고 나온 빈 병엔
꽃내도 푸짐했고

그 다음날 이른 새벽은
꽃물로 손발 씻은 듯
더없이 가슴이 그득했음을
얼마든 꽃값으로 치를 수 있었다.

산들의 어깨걸이

- 풍경화 · 8

봄빛 짙은 강을 돌아
작은 마을 앞
세상은 푸르고 나무숲도 팔을 들어
주먹떼를 입혔다

폈다 오므렸다
왜 나까지 불러내는지
산숲은 허옇게 일렁이고
손등을 마구 저어댄다

이른 밤꽃 반짝이고
아까시 꽃내도 넘쳐
참나무 먼 잎새까지
깡그리 고갤 내저을 무렵

산들이 어깨걸이를 하고
구름인 듯싶게
또 바람꽃인 듯싶게
나를 반갑게 맞아주는 곳.

내 어여쁨이사
- 풍경화 · 9

내 방 깊숙한 데
노래마저 삼킨 뻐꾹새의
명치끝으로 숨 넘긴 해바라기여

오늘도 두 손 다 비어
그대 생일날
참 언짢은 모습이라 부끄럽기만 하구나

새삼 가난한 그 험난함을
걱정하며 위로코자 하던
그대의 작은 안타까움까지도

눈물 받아 손 씻게 하고
슬픔마저 거두어야 하는
내 어여쁨이사 오래된 것

간신히 새벽에 가 닿아
우리 삶의 푸르름이 되다니
고마워라, 내 사랑의 이녁이여.

공작산 1박
– 풍경화 · 10

새벽눈 뜨면
공작산 오른자락이 팔뚝을 꺾어
조팝나무 흰 꽃다발을 찾아
간밤의 안녕을 문안 드린다

내 길은 그 아래
얼마쯤 비탈을 만들다가
온동네를 깨우는 장닭들의
목울대 소리에 멈추게 되고

몇 발자국 못미처
보랏빛 제비꽃 무덤의
꽃타래는 여기 있노라고
땅바닥을 두드리며 고개를 갸우뚱댄다

얼마 있지 않아
물푸레도 깜자주의 자두마냥
더없는 꽃내를 시샘하는지
나를 그집께로 금세 돌려세운다.

저녁 호수

- 풍경화 · 11

얼어붙은 얼음 위로
바람 한 줄기 달려든다

몇 가닥 꼬리를 잇대는가 보았더니
곧고 반듯하다
기러기인 듯
거루머리를 곤두박이치면

수심(水深)보다는 좀 얕게
천둥번개보다는 좀 빠르게

하늘 저켠으로 구름이 되어가는 호수인가
물도 평편하게 굳어간다

가끔 저녁놀을 받아
불기둥을 내뿜기는 하지만.

너를 닮은 나는

춥고 어둔 길을 돌아
내게로 오는 너는
나의 웃음이었을까

털실 하나 없이
눈길을 달구는 너는
나의 울음이었을까

손톱 끝에 살아남은
봉선화 꽃물의 너는
초승달의 반짝임이고

차디찬 처마 끝에서
창틀을 밝히는 너는
내 가슴 안의 풍경이거니

기쁨이어라
슬픔이어라
널 닮아가는 이 밤의 나는.

온수행 전차를 타고

버릇이었을까
얼마쯤 더 살아낼 수 있겠다며
믿음 같은 감기약 두어 알
끼니로 배 속에 밀어넣고
남루(襤褸)를 휘날리며 전차에 오른다

때로는 찬밥 한 술
늦은 요기로 때우고
쉽게 탕진할 시간이 아까워
늘 그렇게 하듯
적당한 자리를 편안으로 깔지만

실크로드의 어느 배불뚝이마냥
사하라의 나귀 끄는 촌부(村夫)로
오늘은 온수행 전차를 타고
무임승차의 슬프고 갸륵한
내 팔자의 여로를 개척해 가노라면

종착역보다는 몇 정거장 앞서
어떤 간이역이라도 상관치 않을
그곳, 낯이 익은 그 집
지워지지 않을 얼굴이 비치면
내 가슴은 마구 뜀박질이다

몇 번 거듭해도 좋을
사랑한다, 정말 사랑한다는 말
낯이 선 동네의 바로 그 사람에게
내가 타고 온 속도만큼의
꾸러미 마음을 내동댕이친다.

초롱꽃 보며

참으로 밝구나
그토록 깐깐한 어둠이
슬픔을 매단 눈물로 굴절하여
진실같은 내 삶의 어제를
불로 매달아 주는구나

어떤 친절
어떤 믿음
그처럼 너는 에움길을 펴서
내 마음의 동산을 밝히는
세상이게 하구나

손으로 눈 가린 듯
마음조차 환히
이 꽃을 위하여
나도 얼마는 초롱한 눈을 하고
의젓이 서 있어 보자꾸나.

너로 하여 나는

지상의 한 작은 마을에서
마음의 천국(天國)을 기웃거린다

난마처럼 얽매인 내 속도
세상의 낮과 같아서
나날은 연옥이다

그러나 속옷 다 젖도록
너를 생각하며
아픔도 가려움도 저려 눈물 흘리고

그래서 살맛나는 세상이라
늘 눈부셔 나는
천당의 등불 아래를 생각한다.

세월에게

바다로 누웠던 산들이
몸을 일으킨다
어둠 속의 기억을 떨쳐내듯
그림자에 지나지 않던 길

꽃들도 이슬을 털며
세상의 문밖으로 달아나
닭의 울음까지 배운 다음
천연스런 날들을 밝히려들었고

흙이 굳어 돌, 다시 섬으로
그 정상의 나무와 꽃들까지
화해의 손을 얹어서
하늘과 바꾸려들면 이승이 되고말거니

세월이여, 너와 나
깃발로 더딘 걸음 닿게 하여
신선이 되게 하는 요령으로
우릴 무척 평정케 하더구나.

처용의 달

부푼 배를 부둥켜안고
목을 젖힌 채
뒤꼭지라도 닮아보려는지
검붉은 하늘을 치달아 오르면

서벌〔東京〕의 배부른 달은
바다를 건너
제 고향에 몸 씻으러
머리맡을 질러 사라져간다

내가 묵는 그 집 문턱이
제 멋을 겨워하는
가파른 자리임을 깨닫고
그림자마저 떨쳐내자

된비알 너머
골짝 몇 개 감고
배불뚝이가 된 다음
허공으로 기울어가면

오, 신라의 달이여
멧부리 하나 없이도
온 하루를 허둥쳐 접질린
내 꿈의 띠집이라도 갈무리해다오.

봄빛송(頌)

매운바람 이지러지고
돋을볕 지킴이로
새 기운 또렷하도다

봄빛다이
작은 씨앗 거두어
따습게 움 틔우노라면

검기울 때라도
놀빛의 아름다움이사
밝은 힘 거두게 하나니

계절이여, 빛살이여
꽃싹의 그 향기로움으로
더욱 나를 새롭게 하소서.

그런 나무가 되어

두 발 하나로 묶어
굳건히 무릎 일으키도록
우리 오늘 나무가 되자

두 팔 한껏 치켜들고
바람 얻어 새 세상 얻는
우리 오늘 나무가 되자

아득한 눈길 아래
오로지 푸르름 끌어안는
우리 오늘 나무가 되자

활짝 귀 터뜨려 물소리 얻노라면
부끄럼 하나 없는 손뼉치기
우리 오늘 나무가 되자

마음의 속 깊은 웅덩이
사랑 지극한 넋의 샘으로
우리 오늘 그런 나무가 되자.

바람이 차다

연둣빛도 진초록도
가뭇없이 거두어서
손시린 세월이 다가온다

물기 젖은 줄기를 흔들면
오롯이 쉬고 싶다는 생각
그래서 철이 드는 시절이건만

꽃잎이든 노을빛이든
이젠 머리 속을 채워
느낌마저 거두어야 할 듯

이 청청한 하늘 아래
도타운 그림자 깔고
우리 나란히 몸을 누이자

그리하여 날 밝은 새벽엔
가지런히 두 눈 뜨고
따사로운 손을 나눠 갖자.

잠이 없는 날 밤에는

해가 똥구멍까지 돋을 녘까지
눈 붙인 적이 나를
잠자리 깊은 데로 들앉힌다

멀건히 두 눈 뜨고
곤두박이로 세워
나무등걸처럼 귀 돋우면

어둠은 단지 자신을 지키기 위해
허투로 내 곁을 돌다가
어느새 빈 자리에 마음 깔지만

오랜 달관이라도 했는지
희멀건 달을 부여안고
숨찬 소리를 턱까지 밀어붙인다

장단이라도 맞추는 걸까
한껏 배불뚝이를 만들어
하늘 복판에 둥둥 띄워놓고

속울음 큰 풀벌레같이
노랫소리 키워가는
네가 없는 날 밤의 허전이라니.

저승 산책길

오늘은 바다로 산책을 나왔습니다
물결을 타고 넘어
아득한 남해 바닷가
동백꽃 숱하게 붉은 섬에
나를 한껏 뉘어놓고
유채꽃도 안개를 붙드느라
손을 저어대는 먼 곳으로
나들이를 왔습니다

낱낱의 그 꽃빛 닮느라
나는 붉었고
드디어 까맣게 타들어
청람빛 저 너머
숯검정되는 눈 부비고
손 저어대는 이녁 곁으로 다가듭니다

엎디어 흐트러진 머리칼 더듬다가
제 살빛도 잊은 채
어둠마저 버리고
다시 나는 저승을 달려
곱지 못한 이승의 설움이라도 들킬라

뜬눈으로 그저
밤을 새웁니다
아무래도 잠은 설치나 봅니다.

다시 영덕으로

노랗고 파랗고
봄빛 쌓는 일도 쉽지 않는지
번갈아 차례로
되우 몸살을 해대는 듯하더니

아기산 끝자락을 돌아
큰 물이 되듯
나무마다 안개 솟구쳐
복숭아 꽃빛 얽어낸다

너와 나의 고향땅
거기 보일만한 데서
꽃무덤을 장만해보려고
날 밝기 전으로 핏빛을 물들이는데

가슴 데울
비 한 번 오기나 하면
따로 마음의 늪에 하늘 세워
깨끗이 내 삶도 씻어 말릴 것을.

기다림

타야 할 차를
스쳐 그냥 보내고
흐려만 가는 앞길이라며
다시 안경알을 닦는다

눈은 아릴 대로 아려
어둠 고쳐 쓰기로 하고
시곗바늘도 그대로 너는
얼른 나서질 못하는구나

어이하랴
다시 탓하기를 해도
기다림은 몸을 늘어뜨려
내 눈물의 찝질만큼이나 한데

어느 먼 하룻날
훌쩍 뛰어넘을 장해물 안고
그저 버둥대고 있는 모습이라니.

미안하이

울 것도 없고
숨소리 지워가며
섧다고 할 일은 더욱 아니지

차라리 큰소리로 탓하기에
삼키지 말고 고함치며
분은 삼켜야 하지만

미안하고 참 안되었으니
오히려 네게보다는 스스로에
그저 안타까운 일일는지

끓이다가 졸아붙여
바닥까지 드러나게 될
아니지, 어떤 사연이면 어떠하랴

어느 훗날
깨우침이 다가들면
두 손 들어 내 당부를 하지.

버즘나무 그 큰 발자취

나무가 나무를 제기고
달음질치며 길을 열어준다

팔꿈치마다 상처는 돋아
온몸에다 피를 당기고
피 묻은 몸을 흔들며
열심히 사람들께로 달려나가면

세상이 열리는지 저문 산 저켠에서
재넘이〔山風〕가 몰아쳐
가을잎을 더욱 붉게 태우는데
허리 젖혀 동기들 짓찧으며
가슴마다 창틀을 단다

지나간 길들을 불러 모아
하늘 푸르러 일 없다 소리친 다음
사람들로 하여금 세차게 페달을 밟게 하고
가속도가 붙을 만큼 채근질을 하더니

길은 시간을 따라 곧게 뻗고
양 옆으로 저들의 무덤을 만들어
크고 둥글게 그늘까지 덧붙이고 있다.

지귀(志鬼)의 노래

마음속의 불이 자라 몸까지 태우는가
지옥은 탑을 쌓아 바다까지 나서는데
우린 서로를 알아보지 못하다니

더는 사랑으로 가까이 할 수 없는
해와 달의 신세로
늘 애간장만 삭히다가 간절함만 쌓아간다

열병이여, 사랑의 슬픔이
끝 간 데 모를 이 노릇을
허공의 햇무리로 키우는 마음으로
여신의 무모함이 되게는 하지 마소서.

봄 그 어디에

몇 번이고
거듭 허리 젖혀야 가 닿을
관음전(觀音殿)은 아득하기만 한데

바위와 둔덕
동백과 느티 사이
안타까움인지 두려움인지

그러나 네 입술과도 같은
샛붉음이 다투어 핏줄로 얽혀
환하게 가슴 들앉히고 마는

아, 바다 위의 저 고향 하늘
까마득히 낭떠러지로 굴러
넓죽 절까지 하게 하다니

땅끝의 그 어디에
몸 사려 돌산이라도 일구려는
해가 치솟는 날의 기쁨이여.

깊은 잠에 들 때

짠내를 마구 날렸다
가뭇없이 파도소리도 바람에 실려
얕은 소나무 밑으로 가 매달렸다

깎아지른 언덕바지에
구름들이 솟구쳐 오르고
노을빛으로 섬마저 수장시키면

얼마 남지 않은 모래턱을 칼질하여
갈매기떼들이 울부짖는다
수평 너머로 물거품을 옮겨놓는다

까무라치듯 달맞이고개로
물너울은 기어올라
성미 급한 나를 무너뜨리고

비바람에 씻긴 하얀 세상은
풀이 죽고 울음 천지가 된다
이젠 나도 깊은 잠에 들어야 한다.

다시 방어진

울기공원도 그렇긴 하지만
다시 방어진에 와 보고
짠내를 느낄 수 있는 나는
키 작은 소나무의 거느림이 된다

허리 굽혀 마구 절을 해대는
옛스런 버릇으로 바위에 올라
파람소리 흉내내던 그날의 나무
그리고 낡은 양철지붕의 삐걱거림

그 내리받이길도 생각나네요
허우적일 기운도 없어지고
비뚤어져버린 내 기침소리마저
아주 먼데서 귀를 기울이네요

깡마른 과메기의 저 비린내
그만 이승은 떠야겠다는
반가움과 설움 제쳐두고
돌아서야겠다 다짐을 하고 있네요.

신라의 달밤

경주 외동리
박목월 시인의 도화꽃 피던 곳엔
눈썹 같은 달이 뜨고

음력 오월 초닷새
보문호 맑은 물살이
내 마음 헹궈내면

옛적 신라의 요석 공주
손톱마다 봉선화 꽃물 들여
간곡히 당부하는 말

내 마음의 고향은
이곳의 밤하늘
나를 더욱 밝히려 드네요.

경주 남산을 오르며

경주 남산에 오르다가
등에 땀 차서
치닫기가 어렵거든
냇물에 발을 담가보거라

상선암 가닿지 못해도
가슴 시려 온몸 찬 금오산 중턱
돌부리 몇몇이
목 달아나 없을게다

머릿돌 버린 그 부처님
날 짓눌러대면
결단코 그냥은 아니게
생불(生佛)로 또 나를 흔들어놓고마는

내 가슴 속의 잉겅불
숨이 차게 헐떡이며
냉철하게 나를 식혀주는
옛적의 흥을 자꾸 불러쌌는다.

내 신발도 요즘은

급한 외출을 위하여
가지런히 거두어둔 내 신발은
언제건 함께할 수 있도록
코를 맞대고 있게 한다

입을 꼭 다문 그 품새란
어둠을 나누어 걸친 채
무슨 일이든 더불어한다는
약속이라도 한 모양이다

흔쾌히 빈 몸으로
한 쌍의 혹은 불쌍한 주인의
행보에 까치걸음이라도 보탤 듯
어깨를 세우고 있거니와

달음질을 시작하면 으레
오래 씻지 못한 발내음의
아니 쉬 드러낼 수 없는 사랑의
불편까지 까발릴 투정을 한다

그렇다, 어느 한켠의 신바람이
다른 짝을 두렵게 하는 고단까지
트집으로 되돌려 놓는
요즘의 풍조를 꿈꾸고 있는 것 같다.

그 먼데서

문경 가은의 양산천 다리를 오가며
수도 없이 바라본 꽃들
붉고 또 노란 길가의
스치고 지나는, 아니
언제 우리가 만나기라도 했는가

정말 아득하기만 한
찬물에 거듭 발 담그고
정신을 몇 번 돌이켜도
너는 늘 저 건너에 가 있어
산그림자만 드리우게 하더구나

골짝 너머 다시 먼 산천
건널 적마다 깊고 찬물이어서
다가들어도 깜깜하기만 한데
너를 볼 수 있는 곳이란
천지에 다시는 없더구나.

통영 해돋이

황금빛 나울조각으로 금세
바다는 출렁이며 몸을 비튼다
갈매기들과 협연이라도 하는지
야트막한 군무로 춤을 엮다가
회오리로 팽이돌이를 시작한다

죽은 듯 잠들었던 어선들이
잇대어 끙끙거리는 소리를 해댄다
쉽게 알아듣지 못할 옹알이로
아우성을 쳐댄다

쿵쿵! 몇 발의 폭죽음이
허공에 진한 입김을 남기며
내 긴 숨을 몰아 감탄사로
이 세상을 들썩이게 한다.

나보다 젊은 신라여

서라벌 대능원에 가보면
큰 대숲 좀 지나
미추왕이 자리한 그곳
이름없이 누운 주검들에서
임금의 잔기침소릴 들을 수 있다

청단풍 고운 가지에
손 얹어 붙들고
혼자만 얼굴 붉힌 까닭
아랫도릴 말짱 벗은 채
거리 밖으로 나서는 품이라서 그러하고

목백일홍의 자매들처럼
말 못할 사정이 있어서
손사래 거푸 해대며
날 따라 나선 이웃 사람들
옛적 하늘을 가리키는 바로 그 짓

오, 오늘 이 하루
다시 넘기기 어려운
내 삶의 한 징표로
젊은 나라를 원하소서
신라여, 나를 눈여겨보게 하소서.

수강궁(壽康宮) 옛길 돌아

하루에 두어 번
수강궁 월근문 가까이 오가며
꺾여 후미진 길을 돌아설 때
넘쳐나는 비명소릴 나는 듣게 된다

남과 북으로 나뉘어
살생이 한창이던 시절
떼주검에 무릎 거둬올리는
팔봉 김기진의 목울음 하며

더 아득한 때로 거슬러
환경전(歡慶殿) 너머 경춘전(景春殿)
낭랑히 글 읽던 인수대비가
상을 받고 쓰러지던 그 아수라(阿修羅)소리

또 시샘 많고 앙탈 떨며
버선발로 선인문 바삐 내닫던
희빈 장씨의 그 넋두리조차
흐느낌으로 들리던 날

역사가 그러하듯
하루에도 두어 차례
아픈 자국 흘려들으며
새삶의 꺾인 골목을 나는 오간다.

친구들에게

열 갑절도 더 숨이 차는
고개턱에 이르러, 동무들아
다시 한 번 숨을 꺾어
벗닿게 모닥불 쌓는
몹쓸 내 친구들아

가슴 속의 불씨 지펴
가당찮은 세월 거듭 보태고
뭉뚱그려 무두질로 마음들 펴서
한밤에도 닦달을 해야 하는
어기찬 문둥이들아

우리가 살아낸 시간들 모두
짠내나는 혼의 전부를
모둠발로 거두어서
짭잘눈들 크게 뜨고
몸때의 계집까지 다 끌어안거라

오늘은 세상 어둠 꿇린 채
예약의 안면도 한 귀퉁이
만일 우리가 거기 왔다면
일흔 번도 더 속을 풀어야 하리
일흔 번도 더 몸을 달궈야 하리

그래서 더 아름다워지고
그래서 더 젊어져서
내 안에 너희가 있고
네 안에 우리가 있음을
여기 가까이 앉아보거라

우리 고향 남해는 늘 푸르렀으나
이곳 황해는 이제 뉘엿뉘엿
우리의 머리처럼 어두워가거늘
친구들아, 어린 날의 그 하늘에
빛나는 별들을 좀 뿌려보거라

우리 다 함께
일탈(逸脫)의 밤배를 타고
한 아름씩 꽃대궁 안 듯
노 저어 꽃자리를 찾아보자
우리가 우리를 만나는 것처럼

동무들아, 오늘은
우리가 쉬어 마땅한 섬
좋은 소나무천지, 좋은 바람천지
맑고 푸른 하늘 밑 물천지
늙지 않는 터전을 살펴보거라.

미당의 사십구일재(四十九日齋)

봄으로 쫓기는
삭은 갈대들의 맨발 아래
시인을 묻고 흙을 덮고
뗏일까지 다 끝낸 다음에
다시 선생님이 태어나신 그 낡은 집
세월과 함께 밟으면서
매화며 동백이며 미루가 움츠려 늘어선
눈길을 빠져나와
우리들의 쓸쓸, 선생님의 허전을
선운리 냇가에 다 부려놓고
멀고 아득한 길을 이어본다
하늘로 오르는 천 년의 세월을
지는 해의 뜨거움과 눈부심으로 끌어모아
두 겨드랑이에 끼고
이제는 등마루마저 하릴없이 된
우리가 사는 동네
빨리도 그켠으로 달아나고 있네.

유명산 아래로

잣나무로 키를 돋운
농다치고개 넘어
설매재 가까운 저승에선
폭탄 맞은 머리의 벚나무가 조을고 있다

유명산 휴양림 근방
갈잎바늘잎나무는 팔을 뻗어
빗방울 속으로 천둥을 내보이며
바람소리를 탓하기도 하지만

하늘매발톱을 비롯하여 얼레지며
피나물과 꽃창포까지
제 발등마저 더불어 엮어놓고마는
안개비에 하루를 다 보내고

불투명의 하얀 꽃내에 취하여
산목련과 찔레무덤도 뭉뚱그려
녹색의 바람 일으키는 곳에서
나도 일어나 나무 소리를 해댄다

이 밤 다하고 날 들면 그 산 아래
속세로 나는 떠나지만
남겨 놓은 여름꽃 두어 송이
내 정신의 황량을 웃어대고 있을 테지.

다시 한 해를 바라며

스물이나 서른의 세 곱절쯤
그런 나이 먹어
어엿한 세월의 푸짐한
나를 갖게 되면…

하고,
어리석게 생각하던 시절도 지나
추운 계절의 한복판에
느닷없게 나는 와 닿아 있습니다

열심이었던 그대로
늘 오늘에 남아서
꽃때이고 환하기만을 바라고
또 싱싱하고 찬연하기만을 원하는

그런 나를 바라옵나니
원컨대 한때의 꽃빛이 항상이고
그 빛깔이 멈춰서 그대로 있기만을
두 손 모두어 비옵나니.

고향으로 돌아들며

오랜만에 돌아와 자리에 앉는다
내가 태어나 자랐고
죽어 내가 가 닿을 곳

손수 만든 주검의 관도
바른 햇살에 매만져
쉽게 잠드는 법도 익혔거니

내 아버지가 그러했듯
옷 갈아입고 입내 가시는 짓도
그리고 번듯하게 손발 접는 법까지

흩어지는 소리 전혀 없어
부서져 흩날리는 너울은 사라지고
편안과 안온을 알게 된 그날

눈 감으면 되레 밝아지는 세상
어리석음도 맑아져
내 그림자와 잘 포개어지려니

지난 시간과 남은 날들
편히 쉬어 맘을 놓는
고향맛에 참으로 느긋해지는 날.

눈 닦고 보면

낯선 길에 나선 듯
늘 눈 닦고 보지만
금세 궁금증에 달아올라
풋풋한 걸음이 되고 만다

한 세상 살아낸 걸음 끝에
느긋이 걸터앉아
둔덕 그 너머의 언덕배기로
마음의 그림자 깔다보면

더불어 살아 숨 쉬던
모든 찰나와 모순까지
오두막의 누추나 가난처럼
자연으로 엮어 옮아가게 되고

쌓아 거듭 빛나는 정나미여
그 삶이 내 나라의 길이 되어
어리석음 천지에 우리가 갇힌다 해도
큰 숨 한 번이면 풀어지고 마는 것을

백두나 설악이나 또는 한라
몇 그루 나무에 묻고 답하는
착한 백성의 심성으로 우리
오늘을 흔쾌히 밟아가도록 하자.

묵은해를 접으며

눈에 밝힐 듯 빛나는
봄의 새싹 다 흩어버리고
풍성의 여름까지 또 묻어야 하리

무슨 사연인지
가을의 찬연함 훑고나면
가뿐히 마음 닫게 될 겨울은 와서

마른 잎 그림자에
듣는 빗소리와 쌓이는 싸락눈들
둔중한 무덤의 공허가 되고 말지만

한 방울의 물기라도 끌어내
창창한 바다에 보태야 하는
긴 잠을 지금 우린 청하고 있다

세상을 버린 친구들아
이 흉흉한 계절의 허망 앞에
그 마음을 어디에 버리려 하는가.

밝아서 참 좋은

새해 아침은 밝아서 참 좋아라
깜깜한 산천을 햇살로 띄우고
얼어붙은 강줄기도 풀어
해 쏟던 바다로 우릴 흘러가게 하나니

더는 마음 상할 일 없게
뜨는 해의 등받이에 향 살라
바람 좇듯 밭은걸음으로
나무들의 팔이 되게 한다면

우리도 더욱 밝아 좋아라
갓밝이의 빛나는 눈동자로
새벽 동녘을 붉게 태워
그 길 새롭도록 비춰주느니.

저승의 김공(公)에게

– 시인 김영태에게

난데없는 갓난애의
빨간 주먹을 단단히 쥐고 누워
가뜩이나 싫은 풍경의
이승을 다 지우고 싶었던지
김공, 그대는 바윗덩이가 되어
그날은 면벽해 날 보지 않았었지

웬만큼은 더불어 나와
이 땅의 곳곳을 돌쳐댔으나
혼자서도 이젠 훌륭히 저승을
찾을 수 있다고 장담하는 건지
강화섬 전등사의 한 그루
'내 몸인 나무'로 바다를 보고 있을 테지

종이짝보다 엷은 몸뚱어리로
웅크려 '응, 응' 하던 전전 날의
멀미나는 이승, 그 삶
지금은 황해의 작은 쪽배에 실어놓고
늘 아이 때의 즐거움 흔들어대며
나와 더불어 '세상 깔보기'를 하고 있는가

친구여, 그대 일흔 너머의
쉰 해를 거진 홀아비로
같은 동네 이웃으로 살다가
'가볍다 그리고 어질다'의 동반을 어기고
혼자 훌훌 떠난 김 공,
이 몹쓸 사람아, 감은 눈 뜰 것 없이 편히 쉬게나.

학의 춤 같은

– 강선영 선생의 팔질(八耋)

어여쁜 이시여
팔순의 세월이건만 오늘
몇 번을 거듭 태어나고
그 뜻 항상 싹만 같아서

봄 지나 한낮을 넘어
오동잎 진 후의 달 밝기로
새벽하늘 인 찬 이슬처럼
영롱한 빛깔이었어라

은은하고 늘 그윽하게
국화빛에 가얏고 소리
바닷너울도 가라앉힐 버선발로
아련한 춤사위 엮어오심

아, 그 꿈의 궤적들
깊고도 너무 또렷하여
은하로 번지는 숱한 줄기에
가닥마다 무지개 꽂았거늘

그 품 또한 한이 없고
숱한 흔적 다듬고 거두어
따사로운 손길 보듬었나니

늘 새삼스럽고 엄전하였도다

아리따운 이시여
보람의 자태 그대로
우리 곁에 늘 계시어
언제나 우릴 느슥하게 하소서.

책끝에

내 편안과 안정으로

1.

시인이 하는 일을 허구적이고 은유적인 세계를 만들어 가기 위한 노력의 일단이라고 말하기란 참으로 미묘한 일이다. 그러니 몇 마디의 말로 정의하기는 적당치 않은 듯하다.

왜 글을 써야 하는지가, 또 부지런히 그것을 읽어야 하는지가. 그 중추적 역할의 동력이라 할 은유는 무엇이며, 거기 현실을 배제하면서 고달프기 짝이 없는 대체세계에 매달려 그럴 듯한 세계는 왜 만들려고 하는지.

끊임없이 노력하는 시인에게 프로이드의 말은 얼마쯤 위안이 된다. "아름다움은 분명 쓸모가 없다. 명백하게도 문화적인 필요성이 있는 것도 아니다. 하지만 그것 없이는 도저히 우리를 지탱시킬 수가 없다."고 한 말을 교훈으로 삼으며 내딴은 열정적인 노력을 쏟고 있음에 틀림이 없다.

이런 개인적인 통찰과 노력의 범주에 공통적인 가치 평가는 있기 마련이 아닐까. 나는 예술적 기술이라는 점을 늘 생각하고 있다. 만약에 창조적 측면이 고려되지 않는다면 단순한 기술로 치부되어 한갓 돈벌이의 방법에 지나지 않는다 할 것이다.

매우 개인적이고 고독한 작업이다. 그렇기에 잠재적인 것은 있기 마련이고, 또 시인이라는 고답적인 원칙도 지켜나가야 하리라.

그리하여 이 일은 시간이나 공간에 구애 받음 없이 언어와 지역 혹은 그 민족적 정체성까지 뛰어넘어 초월적인 자리에 새 삶을 세우는 것, 신비로운 대체세계로 다시 새로운 우주를 일으키는 일을 우선에 놓는다.

이 말은 창조적 노력으로 개인의 고독을 극한대까지 부각시키고 그 위에 올라서서 다채로워지기를 스스로 바라며 자신에 매료되는 흔쾌함에 몸을 던지게 한다.

특히 오늘날과 같이 다원화, 다변화되는 여건에서는 시인의 감각적 경험과 그 형상화 또한 복합화되기 때문에 무척 혼란스럽고 불안전하다 할 수 있다.

마음에 떠오르는 이미지를 언어나 기호로 변환시키는 일은 여느 장르에서나 다 통하는 이야기이다. "단순하고 군더더기 없는 그림을 배우는 과정은 쉽지 않다."고 한 피카소의 추상화 과정도 우리는 관심을 가져야 한다.

이렇게 볼 때 시인의 글쓰기란 원고지에 단자들을 늘어놓는 일만은 아니다. 불필요한 사고로 양산된 문장에서 필요한 말을 골라내는 일이다.

이 말을 유추해 본다면, 비논리적이라고 판단이 서는 것은 불완전하고 부정확하기 때문에 이미 알려진 바와 그렇지 못한 것 사이에 다리를 놓는 일로 가끔은 깨닫게 해준다.

그래서 시는 이런 일들로 하여 단순하고 순수한 요소들의 결합에 의해 복잡 미묘한 양태로 생산적인 것이 가능해진다. 폴 발레리의 말마따나 '다른 누군가의 내부에 자신과 비슷한 상태의 존재를 세우는 일'로 나의 시는 그 목표를 세우는지도 모른다.

시인은 그래서 작가적 자세로 또 문사로서의 새 길을 찾게 되는 것이요, 그렇게 하여서만이 짐짓 창조적 몫을 할 수 있게 되는 것 같다.

어느 시대나 어떤 사회나 시인은 창조인의 위상이란 남다른 바 있어야 한다. 바꾸어 얘기하면 비록 시력을 상실한 사람이라 할지라도 그 마음만 상실하지 않는다면 달리 제공되는 감각 기능에 의하여 작가적 소임을 훌륭히 소화해낸다는 것을 우리는 잘 알고 있다. 음악에 있어서의 스트라빈스키는 '완전한 인간, 그 자신의 전감각과 정신력과 지적인 장비로 무장된 사람'의 중요성을, 그리고 화가 오토 피에네의 확신인 '마음은 몸이고 몸은 마음속에 존재하는 것'으로 초월적인 자세를 강조한 바 있다.

이런 점에서 보면 '모든 것'이 '하나' 되기 위하여 옹근 사람이 되어야 한다. 그 전인성이 지(知)와 정(情)과 의(意)가 집약되어 원만하고 조화로운 품격을 지닐 때만이 남다르게 되는 것이다.

2.

전문성을 갖는 한 분야의 창조적 사고는 그 방법을 익히고 넓혀 간다는 뜻에서, 다른 분야와의 교류는 말할 나위도 없고 그 자신의 삶의 깊이마저 덧보태어야 한다.

비록 한 분야에서 오랜 침잠으로 편향화나 어려움, 혹은 좌절이나 두려움보다 편안과 안도의 길을 모색해야 한다고 나는 믿어왔다.

문학은 그래서 내 삶의 편안이고 내 시의 안정이다. 이 안정과 편안은 원 하나를 그려놓고, 막대 모양의 몸통만 그어놓고 행복한 표정의 추상화라고 고집하지 않는다. 그것에서 촉감이나 냄새, 동작이나 소리까지 기대할 관중은 없기 때문이다.

그러나 피카소가 스케치한 그의 연인 테레즈 발터의 뜨개질하는 모습, 그 그림 속에 마구 난도질한 직선과 곡선의 연속체가 수십 년 뒤에 시로 쓴 에드워드 커밍스의 퍼즐로 연출된 것을 보면 참으로 쉬워진다. 선 대신에 몇 단어의 배열로 형상화해 주고 있다. 한결같이 간단한 선과 언어의 조직은 철저하게 단순화되었기 때문에 어려운 듯하나 이해의 끈만 잡으면 대단히 선명해진다.

커밍스의 그 시는 네모반듯한 사각의 공간 속에 단어 몇을 나열하여 마치 글자가 떨어져 내리는 모습(하나의 상태로 나뭇잎이 떨어지는)을 하고 있다. 이 단어들은 하나(one), 외로움(loneliness), 홀로인 나(I ness)라는 뜻을 지니지만, 실은 엄청난 철학이 내포되어 있어 큰 놀라움이 된다. 이 놀라움은 천둥의 시각적(빛, 번쩍임)인 것이 번개의 청각적(소리)인 것으로 바뀌어 엄청난 표상으로 나타난다.

나의 시는 이런 복잡 미묘한 현실의 시각적, 물리적, 혹은 정서적 관념까지 꿰뚫고 나와서 허식이나 장식도 걸치지 않은 알몸으로 드러난다고 할 수 있다. 50년의 나의 시작업은 추상화가 곧 단순화라는 다소의 특성을 갖고 다의적인 통찰을 통하여 진정한 삶의 동의어에까지 도달한다.

문사(文士)로서의 내 삶도 그렇기를 바라나 아직은 나도 더 열심히 써야하고 시처럼 건강을 유지해 나를 살아내야 한다고 믿는다. (저자)

18.

길 밖에서

책머리에

꽤나 오랜 세월이었나 보다.

살아오면서 많은 친구를 잃었다. 평생 옆에 있어 줄줄 알았는데 거반 이승을 저버렸으니 주위가 온통 빈 것만 같다.

또 자주 쓰던 말로 '우리'라든가 '시대'라는 말 따위도 버렸으니, 자신의 삶이나 그런저런 자전적(自傳的)인 데로 시선이 옮아가는 것도 순리인 모양이다.

말하자면 형식과 같은 것은 뒤켠에 숨고 본질적이고 창조적인 것의 영원함이 표적이 된다. 가만히 앉았노라면 창밖으로 보낸 시선도 '설렘'이 되고, 진작 버렸던 것도 떠남의 '아쉬움'으로 남아 헤아릴 도리가 없어진다.

2009년 2월의 제17시집 『봉숭아꽃물』 이후 오늘까지 발표한 것들을 묶어 열여덟 번째의 작품집으로 선보인다.

내가 달린 이 길도, 그 밖의 환경이나 조건도 한결같이 버린 상태지만 내 어여쁨으로 보아주시기를 부탁한다.

2013년 3월

성춘복

빈자리

의자 하나가 건너왔다
다듬은 푼수로 보아
하퇴뼈는 부실한 듯

등침도 얼마 휘었으나
내 위엄에 엉그름은 없을 것 같고
애써 내칠 바도 아니었다

더욱 빈자리가 있는 것도 아니고
그냥 넘기기가 뭣해서
간곡함인 양 받았으니

안경을 겹으로 써도 잘 안 보이는
내 수고로움에 절로 지쳐서
그러려니 앉아보기로 했고

웬만큼 길 잘 들이면
밑둥이사 고칠 수 있는 법
침을 삼키며 괜찮다고 나를 다독였다.

오늘도 그 길을

어디서부터 비롯했는지
잘은 기억하지 못하나
오늘도 길을 나섰다

그런저런 사연들 끌어다
곧은 길이라 고집하지만
꺾인 꼬리는 잃어버리기 쉽고

궁금한 사연들의 가닥을 훑다가
헤아려선 안될 되뇌기의 버릇까지
몸살기로 접어 차곡차곡 쌓는다

백 년이든 천 년이든 거듭
나 아님의 버르장이를 어쩌지 못해
역사의 수레바퀴로 돌리다가

몇 번이고 거듭
낯선 길을 고쳐 잡으며
끝내기의 덫을 감아올린다.

옛 일 · I

바라만 보아도 흐뭇하구나
길게 울타리 쳐놓은
석수에 줄줄이 발 담그고
보이지 않는 날의 젊음을 바라보다니

더러 길 끊어져 두렵기도 하고
옹벽한 숲 언저리에 처져
아무렇게나 옷 벗어던지며
궁둥이 까부시던 그런 날들이

어디 내 키만 그러한가
염치들을 까맣게 동댕이치고
아무렇게나 헤매다니다가
숨어 살기 좋다며 숨바꼭질 하던 곳

아, 내 가슴 한 구석에는
아직도 모닥불 가물대고
인적 드문 세상의 고요가 그리워
그 세상을 더 오래 바라며 살고 싶구나.

옛 일 · II

골목 몇을 돌아
언덕배기의 내 집 앞에 서면
오래되어 허물어진 담 안으로
다 늙은 여자의 목소리가
누구냐고 캐듯 묻는다

기가 꺾인 나는
분명 내가 누군지 밝히기 꺼렸고
어디선가 빤히 내려보는
눈부신 아내를 돌아가며
주눅든 자신을 추스리다가

다 저물녘의 어둑살에
스스로를 뭉개는 놀빛 받아
시뻘겋게 달구어가며
허방 짚는 세상살이나마
벼랑 끝이라 스스로를 위로한다

이제는 다 지난 일들
건망증으로 내다버린
내 역사의 떫음 속에서
오로지 이 기억만이 오늘이라 여겨
나는 또 내일을 갖게 된다.

새벽이면 나는

어둠 때문이리
일어나기 앞서 눈부터 문지르는
노곤함 때문이리
몸 세우기 무섭게 떨고 있는 까닭은
지루함 때문이리
밝아옴이 곧 구역질이라는 사실도

이렇듯 새벽은 흐느낌에서 비롯해
내 가슴을 마냥 뛰게 하고
또 얼마는 나를 멍들게 하여
깜깜으로부터 나를 떨어져 있게 하는지
온밤을 지새우듯 꼬박
나를 곤죽이게 하였을 터

누워 깊이 혼수가 되게 한
내 침상의 크기와 넓이
내 몸집에 알맞았을까 어떨까
전전긍긍하며 온갖 걱정 덧보탠
드샌 밤을 돌이키다가 깡그리
그럴 바위가 어디 있으랴 되뇌어본다.

눈이 오던 날

때 아닌 눈이 쏟아져
새하얀 길을 만들었으나
흔적없는 길은 뚫을 수 없어
또 닫힌 신세가 되고 만다

내 삶의 절반은 길 찾기
그 동반은 길 잃기
낯선 땅의 헐값에 밀려
험로 밟기가 오늘에 이른 것을

그 어디에 머문다 해도
앞날은 몇 발짝 밖의 세상
얼마쯤 질서가 보인다 한들
모험 속에 다시 몸을 뉘어야 한다면

내가 버린 숱한 세월
내가 흩은 쓰레기와 함께
날은 이미 저물고 추우니
눈 감고 또 버틸 수밖에.

걸음의 방정식

같은 속도로 걷고 있어도
한 여자의 어깨 너머로
내 눈길은 달렸으면 했다

그런 욕심은 바쁘지 않아도
다른 남자가 끼어들세라
점잖은 시선으로 노력을 하지만

어제는 그 여편의 등허릴 돌아
좀은 거추장스럽고 추잡하건만
망설이는 생각을 돌리게 했고

더 아래쪽으로 마당귀를 접어
아이들의 장난기로 슬쩍 밀면
난감한 기운도 식게 되지만

좀체 보이지 않던 걸음마저
연결고리를 얻어서
꼭두각시놀음에 취한 듯

아, 허탈감이여
죽어도 내가 해야 할 하루치의
놀이를 어찌 감당하리오.

돌아서는 길

길 때문에 떠났다가
다시 돌아서곤 하여
며칠 처박혀 잠만 청했더니
어제서야 간신히 새길을 잡았다

일찍 떠날 채비에
하룻밤쯤 더 묵을 생각도 했고
늦어 뜬눈으로 새벽을 맞으니
귀환할 생각을 하진 않았다

나서면 늘 낯이 선 타인으로
삶을 내 것으로 출발시켜보는
서글픈 현실 앞에 나는 굳어져
습관이 되는 버릇이었고

내가 나에게 이르는 말로
'너도 용케 눈은 감을 수 있어'
그렇지, 헛된 꿈의 여정은 접고
분명하게 반성할 일이던 것을.

따라잡기

내 그림자를 밟는 뒤따르는 자의
바른쪽 어깨를 꺾으면
왼켠으로 팔꿈치를 옮겨 준다

언제부터인가 내 걸음은
유도나 태권도의 바른편으로
다음 길을 잇대어주기 마련

이왕 그럴라치면 낯설지 않게
의구심 없이 되돌이표로
지향점도 또렷이 문패를 단다

저편이 이편이 되기도 하는
술래잡기의 길이라면
떠난 시각이사 아무려면 어떠랴

물길엔 다리를 놓아야 하지만
골목도 휜 길도 아닌 그 길
귀향길이면 또 어쩌겠는가.

내 길의 현실

여러 번 마음을 고쳐먹어도
내 안의 길은 환영일 뿐
나를 닮은 사람이 앞을 질러
으레 가재눈으로 접게 한다

타인의 실존이 비록 그렇다 한들
생존이사 별것 아니라고
거듭 소리쳐 날 어지럽히지만
너 또한 주름살은 펼 수가 없겠지

현실로 곧게 뻗어야 할 길도
이젠 말발굽에 다름 아니고
거푸 내 풍경만 지우려드는
너의 현실은 그런 주름살이다.

돌밭에서

달래강이 여울져 돌아나가는
그곳 말미 어디쯤
하늘 가차운 데서
우두커니 잡초밭에 선 채
산빛을 바라본다

다 저문 햇살을 삼키며
쑥부쟁이마저 얼굴 가리는
산맥은 깜자주빛 되어
길마저 놓치게 된
나는 혼자가 될 수밖에

어찌할거나
느지막이 가을 산행을 따라
성숙하여 나를 내치게 되면
다 저문녘에 엎디어
고이 잠이라도 청하게 되는 것을.

자만시(自輓詩)

어떤 한나절
이승에 발을 내려놓고
저들과 같이 모두라 했었지

늘 죽어 풀이 된 양
봄 가을 따순 볕 아래
겨울 준비를 했었고

홀벌 신사의 간편과도 같이
질문도 고루 갖추어 봤으나
스스로의 답은 겨냥할 수 없으니

어쩌랴
곱게 두 손 다 거둔 후
빈 수레나 끌어도 좋을 것을.

내 나라의 길

늘 눈 닦고 보지만
금세 궁금증에 달아올라
풋풋한 걸음이 되고 만다

한 세상을 살아낸 길 끝에
걸터앉은 채 멀찍이 바라보아도
둔덕 너머의 언덕배기란
한결같은 그림이 되고 말거니

더불어 살아 함께 숨 쉬던
모든 찰나와 그 모순까지도
오두막의 누추나 가난처럼
그날은 자연으로 엮게 되고

거듭 쌓아온 정나미며
저들 삶이 내 길이 되는
어리석음이 천지에 갇힌다 해도
큰 숨 한 번이면 풀어질 것이니

백두나 설악이나 한라 또는
몇 그루 나무에 묻고 답하는
어질고 착한 백성의 심성으로
흔쾌히 밟아 이토록 가게 되나니.

메디나의 이름으로

\- 모르코에서

누구라도 여길 지난다면
내가 다니다가 갇혔음을
바깥세상에 간절히 알리련만

칠흑 같은 어둠이고
혼자 오래 쓰러져 있어
알 수 없는 곳이라고 전해주었으면

비록 헤아리기 어려운 일일지라도
깜깜한 천지이고
메디나의 오랜 이름 밖에 아는 게 없으니

그곳 숱한 골목의 이름들
낱낱 훑으며 지나다니다가
도리 없이 나자빠져 있음을

그래서 얼토당토않은
상실의 모로코블루에 젖어
두 눈 다 버렸음을

또 한적해 낯선 고장의
열망과 소문에 빠져
중세의 한곳에 내가 머물다가

외롭진 않아도 타협은 싫어
입 다물고 쓴물 들이키는
내 버릇의 무덤까지 풀어주게 하소서.

내비게이션

내 차에는 내비게이션이 없다
목적지만 드러나
건너야 할 강이나 풍경 따위
그런저런 사정들 멀찍이 내친다

접촉 따윈 성가시다 싫고
어쩌면 빠르고 가벼워
내 몰골의 군더더기 같음
찾아낼 까닭도 없겠다 싶으나

길은 어디로든 통한다는
옛스런 물정 지워버려도
곧은 길 다듬는 그 예사로움
잘 닦인 간편이 얼마나 좋은지

시시콜콜 감동적인 경관에
다시 접어 언짢다 싶어도
성가심은 내 몸집 그대로
오늘도 해탈의 길을 몰아나간다.

또 길로 다가서면

골방에다 깊숙이
묵은 시간을 쌓으려다
찬 공기 들이키고는 언뜻

등 떠밀려 매무새 접듯
다른 길도 괜찮다 싶어
떠날 채비를 다잡는다

신발 단단히 조이는
자유와 분방의 내 팔자
버릇대로 행장을 챙겨

세상의 그 끝머리
아니, 이승도 벗어나고 싶어
날개나 달게 하고

더더욱 오늘은
이방감에 홀친 것처럼
구름 너머로 뜨고 싶다.

풍경

숲 언저리를 돌아
차분하게 차를 몰아나가면
다시 보아 반갑다는 듯
허리 굽혀 인사하는 나무들 보이고

물가의 작은 배들조차 흙탕을 뒤집는지
가쁜 숨소리 잠재우며
나직하고 기진한 목청으로
내 앞으로 다가와 말을 건넨다

'해 보시라요' 하고 입 맞추듯
한곳으로 치우쳐 먹을 감던 새끼새의 천방지축
어미새의 치도곤 안기려는 모습으로
끌어다 곁에 바짝 붙여야 할 것 같고

영영 어리광뿐인 아기새 성장이 어려워
연신 궁둥일 내젓다가
잠버릇 같은 장난기만 뿜어
화를 삼키는 오후의 한때다.

올 한 해는

길 찾기가 그 절반이라면
길 잃기도 그 반은 된다

내 삶의 한 토막이 살기였다면
그 나머지는 또 죽기였고

쉽게 내다버린 그 죄도 엄청이고
주워 담아 쌓기로 산을 이루면

저쯤에 내가 가 있었고
미래는 언제나 이쯤이라

진실이 내 마음의 반쪽
모험은 그 절반이 허구

내가 찍은 발자국의 거개는
내가 흩은 장난이 모두인 것을

때 아닌 눈의 천국이여
한파가 한 해를 다 채웠어도

흔적이 아닌 게 없게
쓸어냄은 모두인 것을.

이 아침을 받들어

다시 새해를 맞는다
어제의 뉘엿거림을 돌이킬 순 없으나
우리들의 시간만은 닦을 수 있다

운 좋은 시절의 모험과도 같은
어지러움 벗어나
도자히 그럴 수는 없나니

올 밝은 새해를 보듬고
좋은 세상을 이끌어
영민한 나달을 이루어야겠고

날선 정신을 붙들어
미친 세월의 열병들은
그 버르장이 멀찍이 내쳐버리고

나들잇길의 설친 잠들과
동댕이쳤던 우리 식솔과
뉘우쁨으로 신새벽을 만들어야지.

비가 올거나

왠지 속이 따갑다
발이 시린지도 모른다
분명 그렇긴 한데
뼛속까지 오그라든다

몇 번 오가며
예사로움 접어 불 같기는 해도
이 하루쯤은 바람 들어
나를 데우기로 했으니

새벽차 한 잔 좋지요
그 어둠이사 몰아내고
내 가슴 한복판에다
매화꽃 같은 것이나 꽂았으면.

반지하에서 올려다보는 재미

1.

하늘을 올려다본다
참 오랜만인 것 같다
내가 사는 데는 바로 그런 곳
늘 내려다만 보았기에
구름이 흐르는 걸 어떻게 할 수 있겠나

그런데 구름은 흐른다
더러는 찢겨져 나가기도 하고
뿔뿔이 녹아 사라지기도 하다가
흰 구름빛으로 짙은 것을 훑기도 하고
그림자로 뒤엉켜 꼬리를 버리기도 한다

이따금 서로가 그림자 되어
뒤엉킬 때도 있고 꿈길 밟는 일도 있어
하지만 나처럼 아무 의미 아님을
존재의 서글픔으로 삼으며
다시 관념으로 되돌아가기도 한다.

2.

저 구름의 근본 같고
내 감정의 불안정으로 떠올랐다가
아니면 더러는 불쾌로
한동안은 쓸모없는 위험이어서

늘 장난감으로 맴돌기만 한다

그렇다, 사정없이 나를 부정하는
그러다가 다시 내 존재의 정당을
소리쳐 증언해주는 의미 같은 것
나를 감싸며 혼란으로부터
나를 떼어내어 낭비를 닮게 하지만

아무래도 근본이어야 한다며
내 감정의 안벽에 붙어
불안정이나 불쾌감 같은
더러는 쓸데없는 모험의
골목길로 나를 몰기도 한다.

3.

장난감 같은 것
아니면 강하게 나를
고무지우개와도 닮게
정당성의 증언이었으리라는
내 일의 쉼터였으면 하는데

아무렇지도 않은 듯
의미심장의 해석으로 풀어
낭비 아니면 내가 할 일은 아니라고
강하게 나를 지우며 그 높이를
붕괴시키는 힘으로 나를 떠다민다

그립구나
존재의 불성실은 내 현실이었고
권태의 늘그막을 잘도 측정해
이웃의 필연적인 매듭이라며
마음대로 나다니는 우리집 강아지였으리.

4.

그런저런 사연들을 묶어
내 색깔은 슬픔이었고
혹은 침묵이었다가 천둥번개였으며
더없이 변덕의 잡소리로 살다가
내 머리맡에 놓인 물주전자에 다름 아니니

구름은 그래서 내 온몸을 감싸고
하늘조차 점령하여 씻어주고
닦아서는 엉킨 실타래로
내 몸뚱이를 칭칭 감아
단단히 날 묶어두는 사슬이기도 하다.

너는 나에게

아침 이슬 밟고 올
너를 맞기 위해
나는 창문을 열어젖혔다

점차 복사빛 천지의 하늘도
내 이웃까지 물들여
까치놀이나 진배없게 했지만

손톱 끝이 볼그스레해지듯
네 가슴께에 가닿음
나의 얼굴은 붉힘이 되었고

너는 언제까지나
저만치 물러앉아
내게 시늉만 보낼 뿐.

내 맘 깊은 곳에

천천히, 아주 찬찬히
손 내밀어 손등 어루만지며
당신의 생명 깊숙이
가슴 속 핏줄 밑으로 배어들게
아주 거기 머물기로 하면서
오래도록 옛날처럼
내 마음 깊은 곳에
더불어 부를 노래를 묻을 수 있게.

입맞춤

아주 은밀하게
그렇지 겨드랑이 밑으로 내 두 팔 묻고
넌 한껏 키를 돋우었지

발꿈치도 가지런히
네 코 끝에 무릎 꿇으면
난 생애보다 더 도타운
입맞춤으로 널 보듬을 수 있었지

이마에서 목덜미까지
잔털 많은 귀뿌리며
복숭아빛 볼연지 자국과
시큼한 눈시울도 볼 수 있었고

어디서 찾아냈는지 금세
뜨거운 아편조각 하나
턱 밑으로 가슴으로 찔러넣고
아득한 꿈도 찾게 하고

꼭꼭 닫아건 마음의 밑둥에
시원한 바람 한 줌 거두어
콩 볶듯 튀는 그 장밋빛의
불길에 우릴 녹이게 했지.

여자여

작은 화분 몇 개로
꽃밭 일구어 날 거닐게 하는
너를 나는 지극히 사랑한다

좁은 골목 삭막한 풍경
모래꽃들 늘어놓아 잔디 밟게 한
너를 나는 참으로 예뻐한다

호들갑은 아니고 애잔함의
쓸쓸한 나를 부추기는
너를 나는 어지간히 고마워한다

너를 믿지 않을 수 없어
스스러움과 아득바득하는
너를 나는 더없이 미더워한다

정말이지, 사랑한다
진정 네가 나를 미대듯이
내가 죽는 그날까지 잊지 않기로 한다.

옛날처럼

바라만보아도 흐뭇하구나
길게 울타리 쳐놓은 듯
석수에 줄줄이 발 담그고 있던
보이지 않는 젊은 날의 그림자여

더러 길 끊어져 부끄러워도 하며
웅벽한 숲 언저리에 쳐져
아무렇게나 옷 벗어던지고
궁둥이 까부시던 그 일들

어디 그 키만 그러한가
까맣게 염치를 동댕이치고
그저 적당하게 헤매다가
숨어 살기 좋아라 나들이하던 곳

아직도 내 가슴 한 켠에는
모닥불이 가물대고
인적 드문 세상의 고요가
그런 세월을 좀 더 살게 하는구나.

우리 함께 기도를

스무남은 해 비워두었던
내 옆자리의 한 칸에
달포 전쯤 아내를 앉혔다

두어 주 더 지난 새벽녘엔
어둠을 찢는 차사고로
스스로를 동댕이칠 뻔 했으나

그저께는 또
쉰 살의 아들을
땅 속에 묻을 뻔도 했으며

어제는 바다를 건너
일본 땅의 창창한 숲에다
꽃잎을 밟는 놀이까지 갔으니

얼마인지 모를 봄날의 눈보라에
소용돌이치는 내 삶을
시간의 자로 돌이켜보는 이 일

그렇지, 한때는 내 이웃이었을
그곳의 한 거렁뱅이에게
이 세상이 멀쩡하기만 기원도 했지.

어떤 주일 아침

둥 두웅, 나를 띄운다
버릇으로 일어나
높직이 나를 솟구치게 해도

오늘은 주일이라 그러한지
조요롭기 그지없는 감성에
거리낌만으로도 풍선을 올린다

터무니없는 꿈같게
펴기 어려운 돗자리 펴서
배밀이를 해대며 끙끙거리거늘

도시 알 수 없는 일인 듯
친근하게 몸을 밀어붙이면
나귀 등에 올려진 듯
둥 두웅, 죽은 것이나 진배없는
날 것이 되어 날갯짓해대다가
하늘 높은 줄 모르게 솟구쳐 오른다.

그날 밤에도 나는

잦은 꿈 때문에 온밤 헤매며
잠시라도 내가 나 아님을
두 손 모아 빌었고
그저 넋두리만 해대던 것을

정말 알 수 없어라
거나하게 취하여 놓쳐버린
저녁답의 내 언죽번죽을
코 박은 넋두리에도 꼼짝 않던 일이며

지루함이 도를 지나 나무람뿐인
서툰 흉내내기의 그 구역질
온밤 갈피 못잡게 하던 것

다시 그 손 나눠 잡고
되는 대로 어둠을 퍼담아
이 새벽을 혼돈으로 몰던 일은.

별에게 이르는 말

아무래도 나는 어둠의
한가운데로 불거져 나와
빛을 쏘아대는 저 별들에게
두 눈 다 내주며
내가 숨어 지내던 골방의
쾨쾨한 책 내음이며 낡은 가구들의
곰팡내를 뒤집어쓰고
내 가족사진들의 어렴풋함
그래도 뚫어져라 쏘아보다가
어지럼증에 겨운 걸음을 쫓아
날 노려보듯 그대를 향해
'나는 너의 세월은 가늠한다'며
언젠가 끝장을 내어 보자고 다짐한다.

내 집 연습장

내가 세 들어 사는 곳은
하늘을 향해 크게 열린
한옥지붕의 그런 집은 아니다

반 지하에다 대문도 그러하거니와
디새나 막새 혹은 드림새나 집무새
그런 저런 것은 있을 리 없고

이엉 올릴 가을도 없으며
땅을 뒤질 텃밭의 봄일도 없지만
마음의 군새나 곱새로 덫은 올린다

그렇다, 요즘도 해가 뜨면 연꽃이고
기우는 시각이면 잎을 접는
하늘 오르기의 내 그 연습장이다.

목마른 세상을 향하여

어제는 푸른 창공을 불러
꽃단지 위에 씌웠고
오늘은 하얀 구름을 거느리게 했다

사람들은 두 팔을 꼬나들고
내 속과 같다는 장터의 이켠에다
목이 터져라 소리를 쳐댄다

더러 입술이 탈 때는
발목까지 비틀어대며
취기어린 주정도 부리지만

물감이여, 오늘은 제발
그 빛깔들 버리시고
다소곳 우리들 곁으로 와보셔요.

비아냥거리기

종일 혼자 앉아
궁리 밖에 다른 일이 없다
몸은 틀려 말라붙을 것 같고
하품도 하다가 기지개도 켜다가
노란 꽃 한 송이를 뽑아 들고
번번한 민머리 위에 올려놓는다

프리지아의 노랑빛이 걸맞은지
얕잡아보인 거울이 나를 놀려먹는
그 모습을 엉금엉금 노리갯감으로
민둥산의 높직한 대머리 둔덕 위에 놓고
시든 꽃이 웬일이냐며 웃음보 틔우는
별소릴 다 듣게 화를 내기도 했으나

아주는 아니게 날선 목소리에 기죽어
실없는 우스개로 꼬리를 접는데
다시 희떱게 비아냥이라도 하듯
어처구니없는 실수를 거듭하며
애시당초의 멍한 생각처럼
내가 아니라며 스스로를 탓해본다

혀도 차보고 헛기침도 뱉었지만
실수는 아니라며 결단코 심통 터뜨려
제 욕심의 크기로 짐작은 못하고

눈가에 주름을 수없이 깔며
기나긴 하루를 늘여놓을
끈이라도 꼬았으면 좋겠다며
넌지시 비아냥만 밀어놓는다.

춤사위로 하는 말

그래, 널 사랑한다
낯이 간지러워
널 닮은 나를 더 좋아하지만

취기에 서려
아무 짓거리를 해도
널 야단스런 색깔의 덧칠을 하고

꼭 살고 싶어서
아니, 죽고도 싶어서
그 짓거릴 네가 해본들

난 목마름의
너 때문에
나도 죽어보자고 하는구나.

바람내

짠내를 품고 바람이 달려온다
내가 머무는 곳으로 와서
모래밭에 쉬고 있다

꼭 그렇다 말할 순 없으나
날씨만 괜찮다면 흉내쯤으로
내가 나다닐 터를 마련하고

흔적이야 어디건 나기 마련
내 고향 땅의 유난한 추위를
여깄다 예사롭게 내던지고

이곳 바람내의 춤사위답게
내 갈 길을 펴보았으니
종일을 출렁대도 참 예사롭구나.

여보시오

이제야 철이 좀 드나보오
목 뽑은 맥문동의 보랏빛 갈망을 보고
모과나무의 작은 꽃도 짙게 익더니

누군가 걷고 있을 산책로에 덧대어
골목마다 지게문 해달고
사람 사는 얘길 쌓게 되면

다소곳한 내 생애도 엉뚱하게 풀이 되는
역사의 모든 현장도
물비늘로 반짝일 터이지만

여보시오, 이 삶의 뜻과 편안을
손바닥 밑으로 거두어
나와 더불어 도닥여 보지 않을래요.

비 오는 날 아침

비가 오는구려
온통 세상이 젖으니
난들 어찌 옷을 걸치랴

어렴풋 밝을 듯하나
새벽은 쉬 다가들고
저문녘도 어둠으로 가나니

나는 아주 풋내기여서
가릴 주제도 되지 못하고
서두름만 걸칠 뿐

진종일 눈 부비고
개울 밑 얼음소리까지
참 얄궂기는 하지만

빗소리에 귀청 뚫려
눈짓 발짓 하지 않아도
어룽지는 일로 급급했는데

세상을 일깨우는 저 빗소리
천둥에 번개에 무엇을 덧대는지
엄청 나를 주눅 들게 하더구나.

잠이 없는 날은

해가 돋을 녘까지
눈 붙일 수 없는 나를
오늘은 잠자리 끝에 앉힌다

멀건히 두 눈
곤두박세워
나무처럼 키를 돋우노라면

그 어둠 지키기 위해
허투루 네 곁을 맴돌다가
빈자리에 마음을 깔게 되고

오랜 달관이라도 했는지
희멀건 초승달 부여안고
드높은 숨소릴 뱉게 되면

무슨 장단에 맞추려는지
한껏 배불뚝이를 만들어
허공에다 띄우기도 하련만

속울음 큰 풀벌레는 결코 아니게
그런 소리만 드높은 나를
네가 없는 날의 밤으로 울게 하는구나.

첫새벽에

오시와요, 어서
어둠 속의 찬 이슬 털며
밝아오는 아침을 맞노라
바쁜 길 휘어 지난날이 보이지 않구나

첫새벽엔 작은 꿈 하나 익혔다가
다부지게 쓰기야 하지만
지난 시간의 주름들 펴서
시원하게 자릴 깔아 보아나가면

거두어 익혔던 세월마저 수밀도 같진 않아
보드라움과 짜임새까지
애 먹이는 일들뿐이라
가슴에 불 지를 일 어디 있으랴 싶다

오십시오, 어서
해돋움 그 크기만큼이나 새롭도록
황홀과 진정의 보람이 나날되도록
모든 일 까맣게 다 잊고 지워버리소서.

장한 일도 섧은지

여보게들, 무슨 사연인지
땅 갈라져 바닷물 끓고
눈발 흩날려 세상 뒤엎는
고약한 날씨가 마음에도 섧어라

남녘바다 내 고향땅
그곳에선 새싹들 봄을 맞는 일
가엾게 찬연하게 깃발들 들고
문명의 새 이치를 드날리게 하고

언제건 그렇고 그렇게들 하는
해조와 더불어 눈부심까지
꿈자리 다독여 어둠 가라앉도록
우리의 어리석음 잘도 가늠하는데

속 시린 가난이야 언짢긴 하지만
머리끄덩이 잡아채는 일 따윈
한 치의 셈도 달뜨게 하진 못하나니
내 한 쪽의 반쯤 뜀질만도 할진저.

외침

잠을 잃고 눈을 뜨는
나는 새벽이면 일어나
'시 쓰는 재미, 만세!'
늘 외친다

흰 종이 두어 장
연필까지 깎아 받쳐들고
'또 한 작품 만든다, 만세!'
늘 다시 외친다

그 소리 그러나 속 깊이 묻어
나 혼자만 듣게 되도록
'참 장하기도 하지, 만세!'
늘 거푸 외친다

외등이라 촛불 밝혀
혼자 어둠까지 즐기는 이 밤
'아, 나만의 세상, 만세!'
늘 새롭게 외친다.

인생은 아름다워

굳이 물음표를 달지 않아도
그때의 그 사람들
이 얼간이를 모를 리 없지

언제 보아도 반짝거렸고
인생은 또 아름다워
더한 젊음 거기 깃들기에

늘 손가락질과 호들갑들
명료하고 선명하게
추억인 양 기다렸던 바

이왕 고통이 따를 것이면
이 밤이라고 한들 무에 다르며
그 소외감을 어찌 할거냐

아름다워라, 참하여라
목에 건 명패며 이름표들
오두방정 떨던 까닭마저도.

저 돌을 좀 보아라

하루 이틀도 아니고
긴 세월 눌러 앉힌
저 돌을 좀 보아라

꿈쩍 않고 그냥인
부처의 무릎뼈를
그 딱딱함까지 살피고

서양 버터 잘 굳힌
어기참이야 고맙기는 하지만
이 놀라움을 어이할꼬

부드러움은 결코 아닌
너슨한 마음의 뜨거움으로
저 돌을 좀 찬찬히 보아라.

구령소리

풀들이 일어선다
바람도 몸을 흔들어
깍지 낀 손을 풀고

길까지 곤추서서
잠든 나무들을 채근하며
우리들 걸음에 구령을 붙인다

도리질을 시작하는
계절의 덜미를 잡고
풀무질을 해대는 이 봄날

젖은 빨래가 마르듯
속절없이 세월도 굳어
봄은 더한 아쉬움까지 잊게 한다.

모두가 봄이 되어

흙내음 맡을 수 있다면
흔쾌히 나도 봄이 되리라
언 대지가 몇 방울의 이슬비로
잠을 털어내고 있다

촉촉하고 다부지게
흔들어대는 이 새벽을
따사로운 빛으로 깨어나게 하여
축복의 삶으로 돌아설 무렵

꽃부리의 그 향긋함
나비나 벌들이 춤 추듯
우리도 이 계절의 주인이게
젊게 사는 법을 깨우쳐야 한다.

기어이 그 봄은 다가들어

숭, 수웅
구멍이 뚫려
눈발 흩날리다가
때론 비도 뿌려지다가
공원엘 다시 나가 몇 바퀴
혼자면 어떠냐고 위로도 한다

하늘이 무너져도 그렇지
운수 좋게 많은 날이 되려는지
더없는 애씀이 효과가 나서
가상타 스스로를 위안도 해보고
횡재의 밝은 한낮을
몇 차례 다잡다가

풀과 풀
나무와 나무
그 사이 어디쯤
운명의 끄나풀 엮게 되면
관성운동도 여러 차례
얼마든 부추겨서
바라보게 되나니

웬만한 땅 깊이
솟구쳐 봄기운을 엮도록
가만한 숨소리를 내뿜어
얼레지며 산당화며 그런저런 것들
나를 위해 온 산천 곳곳에 뿌려
내 나라의 우리집 바로 솟음질하게 하지.

이미 봄날은 가고

젊은 날의 총기와 정나미 따윈 찾을 길 없어
이제 탄력 넘치던 살갗조차 쪼그라들고
바르게 걷고 곧게 달리던 시절까지
무너지고 무뎌져 더는 갈 곳이 없어졌네

어영부영 좋은 때는 끝이 났는지
한결같은 세상일들 떨떠름할 뿐
사랑도 그러하고 아이들도 저만치
멍청한 눈길과 감축의 나절로 나앉았는데

날이 갈수록 키는 졸아들 듯
뱃가죽보다 체중이 더 헐거워져
마음 안에 묻어둘 건더기도 힘드는지
머리카락마저 뽑혀 민머리되고 마는구려

올봄은 어디로 와서 어떻게 달아났는지
몹시 추웠던 지난겨울의 시새움 못잖게
들입다 뙤약볕 쏟아 궁금만 덧보태놓고
모두 앞뒤도 못 가지게 정신을 없앴거늘

순식간에 사라진 봄을 탓하기로
눈 뜨자 저승인 세월을 짧다고 한들
그 봄 잃은 설움쯤 늙은 탓에 돌려
그저 망설임과 주저로움만 쌓게 하네.

목숨빛 찬가

더없이 햇살이 좋은
5월과 6월 사이
금강송도 두어 뼘 발을 돋우고
하늘 높이 솟구쳐 오른다

녹청의 색깔 하나로
큰 키를 보이는 굴참나무며
졸참나무도 어깨걸이를 하는지
가뿐한 모습으로 곧게 섰더구나

청청한 물소리에 귀 닦고
발마저 씻은 신갈나무의
오롯한 키 자랑이 부럽지 않게
우리도 가뿐한 걸음이 되어

올망졸망 얕은 키의 저 나무와
쪽동백도 생강나무도 국수나무며
몇 뼘의 어깨로 넓이를 쌓고
푸른 바람으로 몸 흔들어대니

이곳 대야산에 와보면
한결같이 서로서로 기대어 서서
한없이 스스로를 부풀게 하는
장한 목숨이게 하더구나.

달개비꽃

벼랑 높은데 매달린 내 방에서는
그 꽃의 노래를 들을 수 없다

한더위의 어둠 안에서
별밭이라도 얻을 양
공작산 깊숙이 찾아가면

청아한 노랫소리 즐기며
안으로만 보듬어 안은 듯
혼자 사랑 얘길 나누게 되고

안개 속을 헤매는
중얼거림으로 드러내야 할
부끄럼도 깡그리 뭉개어서

숫접게, 아니 대담하게
꽃판 있는 대로 털고 나앉아
모두에게 손짓을 하게 되니

아, 확인이라도 하려는 나를
너는 다시 나에게 확인해주는
저 달개비들의 팔매질이 아니던가.

연둣빛 타령

이런 봄이 너무 좋아
창밖의 산하를 뭉뚱그려
두 손 받쳐 드는데
손전화가 악을 쓴다

차 한 잔 나누면 어떠냐고
엊그제 출장 갔다던 그 친구
돌아오는 길이라며
지금이 바로 제때라고 청을 넣는다

일을 끝내고 집으로 가다가
이 계절의 유난스러움에
누구든 붙들고 한 잔 했으면
속이 지레 끓던 참인데

먼 길 다녀오며
나보다 더 연둣빛에 녹아버렸는지
쉬는 게 약이라는 말에도
거푸 심란해 못쓰겠다며 고집을 한다

다녀온 일은 신통찮다면서
날이 갈수록 힘든 삶은 뒷전으로
오늘 꼭 나와 더불어
연둣빛 투정이라도 했으면 하니

그래도 어떻게든 살아야 할 참이라
저 생명의 연둣빛 연유를 봐서
차 한 잔은 약이겠노라 고집이니
술이 아니고 푸르죽죽의 이 맹물차를

두 사람이 똑같이 잔 부딪고
그 속의 연둣빛도 들이킨 다음
손을 꼭 붙들고 놓질 않으면
사는 일이 힘들어도 그 물빛은 되겠네.

큰 꽃을 위하여

두어 개의 박하사탕으로
어린아이의 꿈은 영글고
어둠 천지인 잠에 들었다가
작은 불씨 하나 얻게 되면
광명이나 먼 날을 밝힐
우리 사는 세상의 뜨락을
어찌 춥고 낯선 데라 말하랴

두어 개비 성냥불로 화톳불 놓고
가다귀로 시린 손발 데워
빛과 온기를 가려낸다면
깜짝 놀랄 낱말로 좋은 기분 되어
무슨 깃발이기나 한지 극이나 시 따위
팔자로 명운을 내세우기까지
내일쯤 펼칠 줄도 알겠거니

역사나 기록 따위가 아니어도
소소한 것들 얽어내어
그래, 그대들의 세상이라 한들
거듭 일컬어질 날도 있을 것이거늘
이미 오랜 옛부터 준비해온
놀이판의 필연이사 어찌하지 못함
그 또한 결단코 우연만은 아닐지니

씨앗 한 톨이 날아와 앉으면
금간 담벼락도 잠시잠깐
바람과 비를 얻어 몸살기로
뿌리가 되고 잎도 아니되랴
견고한 시간의 꽃은 치솟아
모질고 든든한 탑을 쌓을지니
그대 목숨의 진정한 값을 예서 펼치거라.

자연의 흉내로

내 마음 꽉 막혀
응어리 풀 수 없기에
묘한 기운이라도 얻어
내 짝은 꼭 맞추고 싶다

어디 점괘라도 쥐고
소란의 날선 소리로
미래를 찾아나서는
저 신호가 날 떠밀고 싶은 것도

너무 하고잡이여서
이레에 두세 번은 꼭
욕심의 깃발 흔들어대며
접신(接神)의 자리를 차지하고 싶고

나뭇잎 흔드는 가을녘엔
온 골 홀리는 바람소리 되어
푸닥거리 해대며 곤충들 몰리는
내 귀에 그 소리 가득 담아주면

빗방울로 서걱대는 풀잎들과
나를 나무라듯 중얼거리는 소리 따위
성장한 내 치장을 풀어
자연의 흉내라도 실컷 뱉고 싶다.

꽃들의 잔치

들판을 내지르는 발걸음에
한껏 달려가노라면
이번 봄에는 꼭
꽃들의 노예가 되어보리

꿈의 자국을 밟아 끈끈해진
저 꽃울음 천지
눈부신 친구라도 얻어
으스대는 몸짓을 닮아가서

아주 매혹적인 손짓으로
누구든 꼬드기는 일쯤이사
꽃내 아니면 푸르스름일진저
부추기는 흉내라도 좋으리니

기꺼이 순종도 하고
거듭 거절하는 그런 태도
잉태의 결과쯤이사 어떠하며
그런 노예라도 괜찮을 듯싶고

휘젓는 꽃가루와 바람을 맞아
단순하게 품앗이하는, 아
취한 듯 몽롱한 꿈도 좋아
나는 오늘 기어이 나비로 날아보자.

비 온 그 다음에는

비가 그친 뒤의
진달래를 보았는가

씻은 듯 붉고 투명한
자줏빛 입술의 고운 향내 맡았는가.

나무이끼 냄새

이끼 낀 나무에선 향내가 난다
오래고 습한 구름내 같이
온밤 잠 못이뤄 뒤채기만 하여
이젠 나에게 귀만 빌리라 한다

오뉴월 장마에도 오지 않던
하얀 뭉게구름의 광채
갓 피어난 산목련의 천둥번개로
날 종종걸음이게 하더니

쉽게 뜨지 못하는 내 사정 붙들어
송이버섯 굳게 하더니
산천을 떠돌며 꽃비 찾듯이
기찬 모습으로 날개를 단다

불길 같은 속내 들이밀고는
이끼 낀 나무를 내 곁으로
가슴 방망이질이며 부채질 하더니
날 미치게 할 양으로 큰소리친다.

바람 따라

머리 위엔 털모자
신발끈 단단히 묶고
뽀드득
발자국을 놓는다

바람 따라 날면
곁으로 누가 따르지 않아도
뽀드득
발자취는 찍힌다

하얀 내 머리칼
그런 세상에 어울리도록
뽀드득
소리까지 울린다

묵은 오두막의 지붕에
덧칠한 사립짝 하나
뽀드득
가볍게 소리를 낸다

그지없는 눈발
하얀 눈사람의 생각 간 곳이 없고
뽀드득
그 마음을 흰 바닥에다 깐다.

또 한 해를 접으며

눈에 밟힐 듯
봄 새싹들 다 흩어버리고
풍성의 그 여름까지 묻을 뻔했다

무슨 사연인지
가을의 찬연함 훑고 다져
가벼운 마음 닫을 시절은 와서

이젠 마른 잎 그림자에
듣는 빗소리, 쌓인 싸락눈들
둔중한 무덤의 공허가 되어가거늘

한 방울의 물기라도 끌어다
창창한 바다에 보태어야 하는
긴 잠을 청하고 싶은데

세상을 등진 친구들이여
이 선한 계절의 허망 앞에
그대는 어디에 마음을 두고 떠났는가.

요 며칠의 기상

며칠 내가 머물다 건너온
그곳 준령보다 얕게
몇 곱은 더 깊다는 태평양의
한바다를 용케 넘어
쉽게도 나는 멱을 감았지

방금 짐짝들 내던지고
여숙 앞의 진흙탕이라도
연꽃들 잠긴 못에 뛰어들어
산호색이 되는 내 몸뚱이를
좋게 그리고 뚜렷하게 밝혔거늘

높직이 야자수가 고갤 뽑어
이곳까지 따라나선 것도
그리 대수롭지 않다는 듯
멀리까지 밀어붙이고
고개를 흔들기도 했으나

그제도 비, 오늘도 비
세찬 물고를 터놓은 듯
젖은 옷은 땀내뿐인데
내 인성은 여태도 식지 않아
몇 며칠을 그대로인 듯

뒤죽박죽 능수화 닮은 큰 잎의
그 꽃자리를 확인도 해보지 않고
낮박쥐 울음소리를 좇아
맞장구를 종일 해대며
어둔 하늘빛에 내 울음만 쏟아놓는다.

장마는 오겠지만

빈둥거리는 시간 속에서
비가 오지 않으면 젖진 않으리
어쩌다 창밖을 내다보다가
발길이 절로 내민다 해도
웬만한 비쯤은 참아내리라

다짐하건대
아주 비현실적인 사람이라
난 몽상의 허망만으로도
내 한없는 꿈은 굳혀가려니
그 요행으로 몸을 감추리라

생각해보라
바짝 말라 몸을 줄인
홀가분해진 나의 길에
설마 걸음마도 흉내내기 어려울까
어찌 내가 비를 내친단 말인가

더없는 행운의 외출인데다
늘 마음과도 같은 방향이거늘
근심 걱정 다 떨어내어
공감만으로 젖게 될지라도
젖은 채 돌아다닐 팔자는 아닌 것을

결단코 나는 내치리라
비에 젖어 내가 가라앉음을
의당 올여름은 내내 장마려니
손 저어 나를 내치듯이
젖어 내 무게를 늘릴 뿐이라는 것을.

삼백예순날의 더운 피

내가 사는 이 땅
비는 그토록 내려
그지없는 자비의 고향으로
추억처럼 차지하게 되느니

바람은 그렇게 또 불어와
내 나라의 아름다움에
알맞춰 네 철을 다 물들이고
꽃과 숲으로 바라보게 했으며

파도는 다시 넘실대어
온전히 내가 일으킨 집을
행운과 건강까지 섞어가며
푸른 하늘 올려다보게 했었지

한량없는 시간의 두께 속에
따사로운 하늘의 법도를
반짝이게 그리고 늘 탐스럽게
맛깔과 쓰다듬으로 갖게 했느니

그런 하루의 삼백예순날
또 한결같고 구수한 만남으로
민들레나 제비꽃 같게 나를
아니, 무궁화로 더한 피 살게 했었지.

겨울나무의 고백

한길을 좇아 나무들 늘어서고
나무와 나무 사이
바삐 그림자 늘어뜨린 연록에 질푸름
차례로 스스로 알몸임을 선언한다

해 기울어 몸 추스를 즈음
겨드랑이 밑이 비었음을 증명하려는지
열심히 살았노라고
어기찬 침 삼켰으나

아주 가벼얍게 바람을 떨쳐내며
길 한가운데로 나서서
가랑잎 줍 듯 발을 다독인다
추위엔 겸손도 아랑곳없다는 듯.

그 꽃 하나로

저토록 초록에 지치지 않는 건
개나리며 목련이며 장미조차도
쉬 그 몸을 내리지 못하기 때문

바람에 보리싹이 어깨춤 추어도
아까시 꽃내에 흉내를 내려는지
도통 우리를 흔들진 못하지만

건반에 올라 높직하게
세속의 물감을 피하는 이도 있어
하나님은 엄한 말씀을 거두셨나

섬이건 뭍이건 곳곳마다
오롯한 하늘의 말씀 새겨
바르게 오르도록 그 꽃을 주시게나.

나를 까불리며

– 아끼다(秋田)에서

좋은 햇볕 얼마면
나도 눈 덮인 이 겨울 산천의
경관을 내려다볼 수 있으리라

흔쾌히 배밀이하며 사랑의 손을 붙들고
삼나무숲 가지런한 그 산으로
숨이 차게 내달았으나

뜨거운 광천수에 몸 좀 담갔다가
따갑도록 나를 씻어내며
어제와는 다른 내 삶

강이며 호수도 쉽게 저어
내려과는 아주 다른 것으로
초현실에 뿌리를 두리라 다짐을 했다.

새벽자리에 그냥 누워

긴 잠에서 돌아왔을 때
더듬어 스위치를 누른다
2시 40분
아직 새벽은 멀었으나
뚜렷이 혼자임은 깨닫는다

이미 모든 걸 버린 지 오래다
눈 감아도 좋겠다는 그 생각
오늘도 할 수가 있었으나
그래도 깨어남이 참 다행이다 싶어
애써 잠은 청하진 않는다

펴놓은 깔개며 이부자리와 베개
내 물건들 다 거두어
날갯짓이라도 해보였으면 하다가
그대로 누운 채
편안의 눈 감기에 들어가면

곰곰 생각을 해보아도
마음 같지 않은 팔다리들
온 몸뚱이가 착 달라붙어
아주 움직일 요량은 아니니
이젠 모든 걸 다 놓을 수밖에.

아침상

무즙에 멸치 몇 마리
파닷풀도 색색으로 띄워
엷게 저민 어란과 장아찌
또 말린 김도 얼마쯤

입김아, 서려라
호호 불어 젓대질을
오늘의 세상 밝기도 기원하며
하루치 목숨을 동냥하나니

아침상 그 너머로
잠이 덜 깬 동반자
눈을 부비는 인형들이
내게 아침 인사를 건네면

바깥은 차가울까
하늘은 지금 맑을까
태산 같은 걱정 늘어놓으며
목덜미부터 쓸어내린다.

몽상의 그늘

다른 어떤 것도 아닌
자신의 흔적인가
환영(幻影) 아니면 그림자인가

그럴 상황도 아닌
빗소리의 섬뜩함
서늘함 아니면 우중충함인가

내 속을 다 들춘
돌아설 곳 없는 답답으로
불명확 아니면 낯설음이다

그 소리가 메아리로 혹은
낙엽에 견준 가을인가
추위 아니면 난봉인가

그 아닌 어떤 무엇도
꼭두의 놀음이다
허상 아니면 그늘이다.

한 해를 받아 안으며

가을산이 타들어가다가 세상이 불붙고
그 산빛 도로 내려와선
차곡차곡 계절들을 받아
건너만 보아도 좋은 세월이 되었나니

잘도 내닫던 시간들
낱낱 받아 평안의 몫으로 챙겨서
옆으로 쌓아두었거니
시간의 셈이야 오죽했으랴

하얗게 눈 덮인 산봉들
검은 용(龍)도 그렇게 바래어 비교 안되지만
하늘은 저리도 투명해
넌짓 날개라도 펼치고 싶거늘

세월이여, 또렷하게 거둘 수 있는
해돋이라도 명료한 시간으로 만들어
분명하게 빛나는 내 세상으로
더 맑게 온전히 비추어 주소서.

지팡이를 찾아들고

하얗게 머리 쉰
여자들 뒤를 돌아
흙발을 이슬로 닦으며
나도 그 비탈을 오릅니다

나이 든 걸음은 아니게
환한 신새벽에 빨리도
지팡일 찾아들고
토끼풀도 고루 밟아봅니다

개양귀비꽃 붉게 달구어
남의 땅에 아픈 마음 흩듯
온 산천 꽃내 묻히도록
푸른 하늘 그리다 보면

어느새 남의 땅
그보다는 더 따가운 목련꽃밭
여름나라의 니카라과에서
키 큰 나무로 장황을 일궈내련만

작약꽃 늘어놓인 낯선 곳의
산자락 하나를 부둥켜안은 채
숱한 발자국 되짚어 보는 내일은
당신을 일으키고 싶었나 봅니다.

눈길에 갇혀

슬픔으로 다가가 등을 대고 누워보리
반듯하게 드러누워
아무도 밟지 않을 그 길을
바람 일으키고 자빠뜨리리라

설움 위에 내 눈 묻고 두드려
반듯하게 진흙 베고
다시는 일어서지 못하게
이승 밖으로 내몰리리니

외로움 위로 가슴 묻으면
사무치는 별들의 반짝임
있는 대로 울음을 쏟아도
잡초인 양 깊이 죽어 내달리리라

얼음 위로 다가들어 자빠지리
벌겋게 숯불 달군 밤일지라도
허물 태운 그림자의 재는
털어 까만 무덤 속에 숨기리라.

나오시마(直島)

내 집 버리고
얕잡아도 좋을 물길 저어
남녘 땅 그 작은 섬으로 갔다

웬걸 아랫목이 괜찮아
옛적 일들 버리고
타고 넘기란 쉬웠으나

내 상상을 벗어난
후미진 비탈을 타면서
맨발로 가늠을 했고

섬과 바다 사이
얼토당토않은 낙원의
때 아닌 계절이 서 있는 곳

갑작스런 상실감에
내 지표도 뽑아버렸는지
남의 생각만 쏟게 되었다.

저물녘이 다 되어

– 베네스하우스

일제히 문짝들 내려지고
사방으로 트인 길마저 젖어
이 세상을 혼자 지킨다 한들
모래펄뿐인 그 바닷가에
눈 감겨 혼자 내쳐진다면
난 눈물의 외톨이로 자청하리라

내가 살던 저켠의 두려움에
밝은 때만 기대한다는
그 심술도 이런 들녘이라면
젊은 날 늘 그러했듯이
내 키의 내력과도 같게
흰 머리칼 다 뽑아줄 것을

시답잖게 후회를 하며
다 그렇고 그런 것이라고
애써 파도소리에 실어 보내면
하룻밤쯤이사 비록 쓸쓸하기로
꾸리는 짐이나 챙기면 그 물 건너의
불빛들 보라며 날 앉히게 될 것을.

프롬파난의 돌부처에게

- 족자카르타

나를 위하여 당신께선
드높이 단을 쌓았고
서둘러 몰아온 더위는
폭풍의 날씨마저 씻어야 했습니다

첫닭이 울기 전에 일어난
성처녀 같은 새벽은 가렸고
밟기 아까운 탑도 얼마쯤 쌓아
불길도 올렸습니다

먼 나라의 키 작은 사내가
그 불꽃들 올라타고
이렇듯 너부죽 큰절 드리는 것은
당신의 사랑 깡그리 젖히기 위함으로

짓찧어 굳힌 돌층계의
모서리 한 켠에 성모상 쌓고
차라리 바닥부터 딛고 오르다보면
더 높이 당신 모시는 예는 될 듯합니다.

호수지역으로 나앉아

지지난해
올림픽이 있었다는 런던의
그 휴스턴 역에서 기차를 타고
서너 시간 달려 윈더미어에 간 적 있지

그곳 호수지역에선
어느 방향이라도 산은 있어
호수도 어김없이 들판 가운데 머물고
내 딴은 산책이라며 즐기기도 했지

호수 위로는 흰 구름떼
푸른 숲과 변덕스런 날씨
걷기의 명승지답도록 나 또한
구경의 한량이 된 적 있었고

심드렁해지면 길가로 나앉아
거듭 괜찮은 산천인데 하며
엄연함을 단정해 갈수록
순한 내 팔자에 박수도 보냈지

그 운수 모두 등때기에 올려놓고
오늘은 양평의 팔당댐 근처
큰고니 떼가 새끼를 데리고 와 있는지
이 겨울 혼자 차를 몰아가 앉았지.

친구의 영안실

어딜 갔나
희다 못해 푸르러진
옥양목 홑청 같은데 감겨
작은 침상에 들눕고 말다니

이 사람아, 오랜 버릇의
엎어치기는 어디 그런 것인가
형광빛으로 사방을 에돌아
더욱 우릴 숨 막히게 하다니

그 엉거주춤은 어디서 배워
욕망의 불을 내뿜으며
죽음빛이 선홍빛 아님을 고집해
마구 울음천지의 덧칠을 해놓고는

세상을 사는 일 또한 하찮아
훌쩍 이승을 벗어난다곤 하지만
저승에선 숨을 곳도 없다는데
아무려나 내가 찾지 못할까 보냐.

내 아버님께서는

지금은 저승에 가 편히 누운
내 아버님께선 위암을 앓으시다가
아들의 지금 나이보다 훨씬 얕게
후두암으로 그만 떠나시었나니

내가 여태도 세들어 사는
이 전세방이 그리도 못마땅하신지
거푸 당신 구두의 밑창을 훑으며
바람길을 흉내까지 내시다가

바짓가랑이 반쯤 걷어올리고
두루마기 허리께를 동여맨
어정쩡한 내 살림의 건너에다
깊숙이 날 숨기는 듯하더니

어이없게도 이승을 마감하던 날
아예 손 닿지 않을 자신의 염원을
외어서 가둘 염불로 덧보태며
아랫목 깊숙한 데다 깔고 떠나셨지.

꿈이란 것

- 조병화 시인

서울의 남산자락에서 또 혜화동에서
선생님의 꿈을 저는 펴보고 있습니다
열정이었던 한 시인의 꿈을
사랑이었던 한 시인의 꿈을
여정이었던 한 숙(宿)의 꿈을
오늘은 제 꿈으로 엮고 있습니다

늘 이승이라 믿었던 그 꿈으로
이제는 저승에 둔 선생의 꿈으로
아드님과 며느님, 그리고 따님과
문우들과 제자들과 후배들이
그 꿈을 다시 이승으로 이끌어와서
오늘은 잔치를 펴고 있습니다

안성 땅 난실리의 편운재와 청와헌을
서울 혜화동의 집필실과 문학관을
이승과 저승에 긴 다리를 놓고
캄캄하게 살아온 일흔과 여든의 내력
쓸쓸과 정나미와 아쉬움을 엮어
노잣돈으로 늘 셈하는 그런 버릇입니다

이승에서 다하지 못한 시간을 잊고
저승에서도 챙기지 못한 독려를 쌓아
오늘과 내일로, 또 낮과 밤으로 나누지 않고
외로움과 헤어지는 연습을 해가면서
손을 나누어도 석별치 않는 작별의 아름다움
그 모두를 지금 배우며 우리 기리고 있습니다.

세심정(洗心亭)에 부쳐

활짝 문을 열어
안 보이는 것도 찾게 하고
눈 감아도 엄연한 세월로
거기 우릴 머물게 했나니

좋은 비 한 번이면
시원하게 눈도 맑게 하고
솔바람 두어 차례
들숨과 날숨으로 고르게 하는

아, 내 고향 땅의 편안 같은
고요를 엮어 겨웁기 한량없는
형상의 마음까지 자유롭게
그댄 우리의 외딴 섬이 되었거니.

장례식장

발밑의 마른 풀이 갈증을 거둬가듯
한 삶을 엮어온 길은
그 자락의 빛살이던가

끝내는 창틀을 따고 가난이며 질고들의
어깨 쓸며 걷어내는
욕심들 잠재우긴 하지만

거친 손 묶고 두 발 나란히 세워
수인(囚人)인 양 동여매는
이승의 마지막을 알리느니

하직이란 그저 입다뭄의
다른 아무 의미 아니므로
짧디짧은 소릴 묻는 순서일 따름.

여느 하루쯤은

오랜만에 별들을 부둥켜안고
온밤 물 내리는 소리 듣다가
동틀 무렵에 눈 닦으며
날선 새벽을 받아안는다

얼굴 붉힐 어둠이 겨웠던지
박태기나무의 아침을
찬물에 손발 씻고 말아
찻잔 넘치게 더운 물 받아 마실까

어쩌면 숨긴 물의 깊이로
속앓이를 만들어내듯
이제 철들어 셈하는 그 하루쯤
장지문을 굳게 닫아걸고 싶구나.

겨울 신륵사

꽃다운 바람이던가
억새들 머릴 저어대는 그 열심으로
여강은 한 기슭을 끌어다 내게 붙이고

때 아닌 철새들까지
길을 잃어버렸는지
떠돌다가 날개를 접은 채 내려선다

내 어질음의 돌탑마저
높이보다 더 큰 꿈으로
이름을 부르며 가까이 다가오는데

어디서 가을잎을 태우는지
매운 냄새만 뿜어져
나로 하여 눈물을 짓게 하누나.

구름을 따라

방금 멎은 눈길 위에 새길을 독촉하면
부지런케 덧씌운들 발자국은 헛딛어서

겹겹의
달음박질은
엉뚱해도 괜찮을지.

누군가의 뜀뛰기가 가쁜 숨길 내뱉으면
쉽사리 참지 못할 그 길목도 목이 탄다

아무리
되짚어본들
마음 편할 길은 없지.

19.

반백년의 나들이

책머리에

열아홉 번째의 거울

내 키 높이의 거울을 세운다
불편도 거기에다 맞추고
핑계까지 잇대어 발돋움하면
깨달음 같은 것도 비쳐보일까

지난 시간은 얼른 떠오르지 않으나
겸연쩍은 짓거리도 끼어들어
스스로 생각해도 두려운 이랑이
눈앞을 가리기도 하지만

목으로 넘기면 걸 그룹의 높은음자리도
귀에 걸면 맵시 좋은 너울이 되어
쇼팽이며 푸치니의 솟굼질 같이 흔들리고
뽀얀 먼지가 눈썹 끝에 흩날릴 무렵

우리의 삶이 비록 그러할지라도
짜증은 넘쳐 그리움이 되는
실없는 파도에 즐겨 흔들거리며
어디로든 달려갈 것만 같다.

2013년 3월
성춘복

청승풀이

갈 길이 멀잖아도 낯설음 여전하고
가난이 답답잖은 백발의 궁상맞음
목말라 어지러움은 속태움이 아니던가

밤낮이 엇바뀌고 쳇바퀴 돈다 해도
깃발로 솟대 세워 높직이 내건 뜻은
한생을 던져놓아도 어둠만 다가설 뿐

가는 길 얼마인지 버릴 게 아쉬웠다
빈 손을 다시 털어 얻은 셈 따로 해도
아니지 내쳐야 함은 허전함 뿐이로고.

손사래

구름길 저승이고
희망이사 미래라면

이승을 숨겨주어
자국은 흙발일 터

혼자서
애달파하는
이 마음 어찌할꼬.

소리

그 창틀
어디선가 흐르듯한 소리이고

다 식은
찻잔에는 향기만 그득하니

기다림
도가 지나쳐
내 삶조차 그칠 것을.

빛 바랜
세월이고 서글픔만 넘쳐 흘러

한숨은
도를 지나 발자국 잦뜨리면

말끔히
닦고 다듬어
바람에나 보태야지.

어떤 물음

묻노라
내가 사는 이곳이 어디인지
그런 곳
여기서는 더 볼 수 없노라고
보채며
다그친 물음
언짢게 거둬가네.

답하라
삶의 일 그토록 험난한 걸
참으로
오래도록 짓눌려 지내왔음

갈림길
몇 가닥 묶어
저만치 던져두세.

그래서
이런 때가 엊그제 아니었나
어쩐지
울어대는 귓가의 저 신명
등짐을
어깨에 올려
바람으로 흘려보네.

장승으로 서서

간곡한 흐느낌은
자신이 하는 말법

베개에 흩어내린
눈물을 어찌하나

오늘은
무등 태워서
옛날로 돌이키세.

설운 삶 껴안아서
숨소리 가다듬고

살아낸 내력조차
짐승으로 세운 다음

조각난
작은 천인들
짜깁기로 묶어두세.

구름 편지

이 마음 어떤 모습
몸살도 자주 하고

하늘로 높이 띄운
흰 글씨 편지 쓰면

눈감고
속내 틔워도
언제건 눈물자국.

그렇듯 이쁜 그대
내게는 까마아득

발돋움 서너 차례
높기사 한량없지

여보소
무등 좀 태워
하늘로 보내주소.

오늘도 등허리엔

돛을 단 찬바람의 그저께 그 한나절
어제는 등허리에 바람을 꿰어 차고
오늘도 가눌 수 없게 걸음마 재촉이다.

이승의 안뜰에선 철저히 혼자인 양
날이 선 넋을 떼어 억하심정 아니라도
넝마는 괜치 않을 듯 시절만 읊조린다.

머릿발 엉클어져 손빗으로 갈라붙인
성성한 제 행색을 나무라지 않고서도
그렇다 나이 탓이야 제 몫으로 돌려야지.

다 저문 녘에

마음 속 깊은 골에
숯불을 놓은 다음
꽃같이 엮어내는
젊음은 아니어도
객쩍은 외롬 씻어서 붉은 단풍 엮어내네.

황망히 밟아오던
바람의 길 그 여든 해
해마다 다른 빛깔
저물녘을 펼쳐놓고
오늘은 젖은 손 들어 디딤돌 훑어보네.

불단풍

한나절을 잘 놀다가
긴한 생각 접게 되면

먼빛도 가물대고
불단풍은 헛손질을

네 생각
애써 적시듯
내 울음은 또 무얼꼬.

소슬바람 아니란들
명치끝이 시린 까닭

춤사위도 눈이 부셔
신명 또한 당연하니

아서라
내 마음 시림
까탈난 줄 알았겠지.

나무처럼

산빛이 저러하니 물빛도 그러한가
숲 아래 들게 되면 나도 또한 푸르럴 터
금강송
높은 키대로
우리 모두 훤칠할 걸.

졸참도 저러하니 굴참인들 아니하랴
그 높이 그 가슴에 오를 만큼 높이 솟아
내 귀는
한정 없게도
하늘을 닮아가리.

가뭄을 보다

바다가
나갔다가
돌아오지 않는구나

갯가도
끝자락을
감춰놓고 숨어버린

그 촛불
나부대다가
어둠을 잡아채네.

나는 죽어

남은 자가 애태우는
죽은 자의 새옷인가

눈 감아야 사는 세상
죽어 되레 아름답다

간밤에
버린 그 친구
북망은 어떠한가.

어둠 속을 달리다가
더는 갈 수 없다기에

죽어 문득 눈 떠보니
그 세상에 내가 있어

보란 듯
저 저승놀이
어이 난들 못할손가.

외발로 걷기

눈부신 해와 달을
깡그리 끌어와서

주춧돌 세우듯이
어둠을 돋우다가

한나절
어디 갔던지
꿈자리만 어지럽다.

끝내는 혼자의 길
꿈엔들 속이 시려

머리칼 끝자락도
지친 듯 서릿발로

한 치 삶
펴들어 봤자
외발로 걷기였다.

우리 뜨락에는

가난의 내 안뜰을
재촉이야 해보지만

매화도 그러하고
앵두 또한 어찌하랴

바쁘게
걸음 놓지만
이 몸은 걱정일다.

영근네 울타리는
개나리가 손 흔들고

그 건너의 돌담 위론
백목련이 부시건만

우리집
처마 밑에는
막대기만 솟았구려.

세월은 어느새

된서리 밟아가는
어깃장 걸음인가

조금은 한가롭게
또 좀은 가파르게

혼자서
되씹어 보는
쓰디쓴 꿈길이다.

분별도 재미롭고
방랑도 한때라고

산천을 거푸 돌아
슬픔 반 기쁨 반

외롬의
다른 잣대로
헛웃음만 쌓는 것을.

여울물소리

무언가가 그리워서 천지를 떠돌 무렵
가는 구름 따라가며 내 눈에 담은 것들
천 갈래 가슴 녹이는 꽃바람이 죄 아닌가.

한두 잎 꽃을 좇아 살아가던 젊은 시절
강 건너 구름 끝에 자갈밭 세워두고
큰 키의 피나무 앞에 두 무릎 세운 일들

가슴엔 불심지를 두 눈엔 쌍심지를
올봄은 흔흔한지 여닫이도 따지 않고
은근한 울음만 받아 속절없는 한탄이네.

입춘방(立春傍)

해마다 오는 봄이
내일은 설레지만

그믐치 한사리라
올해는 진달래빛

마음도
영글다 마다
초록에 멈추는 걸.

꽃빛에 팔을 베고
하늘을 우러르면

숫접게 풀잎들도
내 가슴 다독이고

햇수론
거부 못하는
세월의 탓인 것을.

느티를 심으며

풍경화 끝자락에 뿌리도 넓게 펴서
오가는 사람마다 입씨름 올려놓듯
그토록 아렴풋하게 의젓함을 보여야지

가슴 안 깊은 골에 푸른 들 들여놓기
해 종일 햇볕 거둬 큰 키를 돋우자면
다소곳 높이 띄운 듯 그림자 늘어난다.

봄밤에

허리를 훑다보니
봄밤이 돌아왔다

철쭉들 울긋불긋
산허리 감아돌고

눈바람
어디로 갔나
별빛만 수런댄다.

명자꽃놀이

앵두꽃 발그스름
찬비에 젖다보니

진달래도 더욱 바빠
고개를 저어대고

온 천하
꽃잔치 펴며
너나없이 손뼉이네.

명자꽃 묵은 가지
시새움은 아닐는지

이 봄이 빨리 익어
가을을 이룰 터면

오늘은
꽃등 없이도
발품을 팔 수밖에.

이른 봄날엔

푸르름도 저무는지
연둣빛 간 곳 없고

바람 찬 깊은 골에
산벚들만 드날리네

이 봄도
시들다보면
내 길마저 엎어질 걸.

친구들 몇몇 불러
물가에 나앉으니

지난날 그 반딧불
어디로들 가버렸나

잔치 끝
꿈의 자락엔
먼지만 쌓였구려.

갈길

너를 지킨 강물들은
나를 세운 들녘이고

평생을 따라붙던
꿈이었고 꽃 아닌가

이제사
헤어지느니
제 자리를 묻게 되네.

고향길 찾아들어
가슴은 가벼얍아

설치던 잠 아니어서
종종걸음 얻게 되면

한 아름
안개를 뿌려
갈 길조차 더듬으랴.

봄잔치에

가슴 속 깊은 골에
새싹 하나 묻었었나

하루에 두어 차례
물 주고 바라보면

어느새
키를 드높인
그늘까지 엮어지네.

그 풍경화 널찍하여
터전까지 넓혔는지

봄날은 잔치마당
그렇도록 푸르렀고

다소곳
일으킨 마음
의젓함을 보여야지.

가뭄

비바람 잃어버려
은비늘 돋아나고

뜨거운 한낮으로
하루 해 가물대면

풀잎들
시들어버려
문 닫을 세상이라.

이슥고 풀벌레도
목청은 쉬어버려

물소리 빗소리는
잊힌 지 오래였나

이 세상
먼듯 아뜩해
만사가 서걱댄다.

그 가을밤에

뜨겁게 달구어진
바닥별 들춰보면

바람이 다가들어
땀까지 식혀주네

그늘로
찾아든 것이
풋풋함 아닐런가.

비 온 뒤 햇살 들어
들녘도 푸르러니

벌거숭이 민둥산들
하늘 밑 지붕이라

뜨거운
계절의 내음
내 꿈결만 같아라.

몹쓸 인연으로

산빛은 푸르거니
물색도 따르는가

손 붙들어 앉힌 자리
나와 함께 더불어도

몇 십 년
흩뜨린 인연
오늘에사 맺잡는 걸.

느닷없는 변방이라
한도 없이 넘나들며

순간도 영원 같게
한 생을 물렸으니

때늦은
깨우침 있어
발치나마 밝힐런가.

잿빛의 하늘이라
눈비 잦아 시들한데

순간도 소중하여
끝맺음이 어렵구려

화톳불
가슴 조르게
늦추위나 면했으면.

갈밭머리에는

가을의 갈밭머리 제 품에 성글어서
그 길도 헐어버린 비바람 눈물바다
헐값의 고단함이면 쓰라림은 거두련다.

변방에 숨이 차서 기침도 어지간해
다짐 큰 새길하며 보는 족족 거나했다
삭신은 이미 늙어서 팔다리 쑤셔댈 터.

잎 다진 바람머리 주눅 든 외골수라
허투루 옮아놓은 얼먹은 허사비도
옷섶엔 가슴 뚫림이 성자의 그것일다.

다 늦은 가을날

친구들 서너 명이
물가로 나앉으나

지난 일 그 물빛도
어디로들 물렀는지

잔치끝
꿈의 자락엔
먼지만 남을손가.

청록은 이미 지고
녹두빛만 시들한데

바람조차 일어나니
산비둘기 드날린다

이 가을
시들해지면
넘나들 일 없게 되리.

봄부치

무릇이며 나생이며 새싹들의 눈뜸이여
기다림의 나날이사 지루했고 추웠으나
그래도 지랄 같은 병 다시 도져 더치나봐.

씀바귀와 꽃다지도 어지럽고 분주하다
봄 되약 그 나릇한 풀벌레의 울음일랑
오랜 듯 군내 나지만 활짝 튕겨 벙긋대네.

머우야 질경이야 한 치만 더 돋아라
뒤축을 높이려면 기다림도 잠시잠깐
어렴성 아지랑이로 얼른 털고 앞서야지.

동백송(頌)

동백숲의 봄안개를 잠깐 동안 받쳐들고
그토록 붉디붉은 엉뚱함 성찰하면
가파른 언덕배기가 내 눈을 부추긴다.

그제 살던 그 동네를 거꾸로 돌다보면
물새떼들 마주하곤 더더욱 어려워서
미친 듯 섬과 섬 이어 길을 내며 달려간다.

첩첩의 바다숲을 부르트게 물질하면
거품도 일게 되어 광채조차 튕겨나가
검푸른 수초를 향해 눈물까지 닦게 한다.

하는 소리로

저 창틀 어디선가 본 듯도 한저이고
그 소리 그득하면 식은 잔에 담겨져서
기다림이 지나쳐서 내 삶은 곯게 되지.

빛 바랜 세월이요 서글픔만 덧이 났나
한숨도 도를 지나 발자국 남게 되면
말끔히 닦고 다듬어 세월을 보태야지.

누가 알랴

가난도 아름다운
백발의 친구들아

낯설지 않건마는
갈 길은 멀지 않고

목말라
닥친 먼동에
속 태우는 청승이다.

깃발로 세운 솟대
우듬지는 울음바다

밤낮은 엇바뀌고
쳇바퀴 돈다 한들

이 여름
식은땀으로
되갚아 네게 주마.

촛불시위

날씨도 무더운데
초 팔아 살아가는

애틋한 밥벌이가
까마귀 같다던가

그을음
천지개벽의
하늘뜻 가려 보세.

별 헤며 밝히는 밤
거리로 나선 이들

어둠에 뻐꾹울음
온 땅을 다 덮어도

저 꿈길
하전한 소망
발 붙이며 나를 밟네.

통영 바닷가

동백나무 돌아가면 가파른 절벽이고
달빛도 반사되어 대숲은 낭떠러지
등 돌린
허공의 물새 두 팔로 날 보듬네.

내 마음도 이 고장의 이끼를 닮은 터고
뒤꿈치에 덧대어 발자국도 뭍 아닌 걸
어쩐다
바닷길 밑에 무너울 넘실대니.

난바다에 배를 띄워 한정없이 떠도는 섬
고슴도치 덧두리에 멱 감기도 바쁘건만
찬연타
보름달빛이 내 낯빛을 닮은지고.

섬진 나들이

내 안에 불을 놓아 꽃소식 들춰보면
섬진의 나루터엔 꽃빛이 출렁인다

먼동에
매화향 천지
봄놀이를 왔으니까.

먼 길을 돌고 돌아 올봄엔 나도 한 번
하루가 짧다 하고 연이틀 달려가면

그 버릇
어디에 내쳐
오늘을 기다렸나.

한나절 둘러보고 어깨 좀 들썩이면
맨발은 잽싸게도 꽃빛을 지쳐와서

지리산
아득한 골로
꽃가루 몸살하지.

꽃값

지난 일 그리웁 듯
눈 젖어 앞은 멀고

다시 감아 더듬거린
그 길의 이쁜 속내

팔십 년
닦달 턴 설움
꽃값에 비길쏘냐.

자책감

어수룩한 곳이라고 강녘으로 흐르는지
방죽같은 어리숙을 잘도 타고 넘나 붙는
내 취향
정말 고약해
아쉬움이 전혀 없네.

되돌아와 한나절쯤 하릴없이 뒤척이지
나무람도 타이름도 말짱하게 눈을 닦아
그 눈물
덧없음에는
양같다며 끄덕이네.

따오기

열린 문 거반 닫혀
세상은 가려지고

별조차 구름 속에
길인들 흔적 내랴

이승을
탓해야 할지
따오기 울음 같다.

바람 앞에 나 혼자서
두 손 모아 간청커늘

디딤돌 하나 놓아
발 밑을 돋워보면

그 울음
나를 찾는 듯
세상을 놓으리라.

내 욕심으로는

할 말도 여태 있고 셈법도 배밀이라

구름같이 뭉개고파 한 백년 살다보면

내 삶도
꽤 아득하니
그렇도록 살고 싶다.

그 바닷길

울돌목 에돌아서 바다로 나섰거니
밤 도와 어둠인가 너울 잣는 기침소리
오늘은 동백길 좇아 둘레길 돌아가리.

아침해 눈부시듯 짠내가 등천하고
청정솔 애오라지 바람만 불어대니
한낮을 다 쏟아부어 굽잇길만 높다랗다.

바다가 호수되고 호수도 한바다인
오름과 내림 또한 굽이 돌아 또 그 자리
풍경도 높낮이 다른 기똥찬 내 땅일세.

가을녘에 들고지고

아까시 꽃잎들 흩날리는 초여름에
강변으로 나돌면서 논둑길로 찾아들면

드잡기
정말 어려운
끝골을 보게 되죠.

드센 바람 일기 쉬운 발자취로 굳이 가서
푸르고 싱그러운 꽃그늘에 닿은 것은

드디어
기찬 외로움
가을이 다 되었죠.

노을녘 바알갛게 묵은 빛 꽉 차서
시름 많던 물길조차 노랗게 물이 들면

어느덧
가을도 익어
나이듦을 알게 되죠.

새해맞이

하얀 눈 때문인가
달빛마저 눈이 부셔

깊은 물 건넛산도
잠 버려 말이 없고

하루 해
또 저문다면
어둠까지 지샐진저.

그 밤이 다 새도록
끓는 물 독촉하고

스스로의 찻잔에다
밤참마저 곁들이면
그 새벽
거뜬히 밝아
맑은 해 맞을진저.

북해의 눈밭

병풍으로 둘러세운
가로수 몇몇 그루

어제는 울울창창
그늘로도 풀빛 같고

내친 듯
속속들이 태워
빗소리 품었구나.

하얗게 눈이불로
호수마저 덮씌워져

오늘은 꿈 속인지
뿌리까지 잠이 들고

죽은 숨
다 거두어서
나마저 달래누나.

산천과 함께

꿈결은
깜깜하고

또 마음은
비스듬히

하늘 푸른
책갈피도

두루 돌면
두 눈 감겨

우리도
산천과 함께
꿈을 찾아 다녀보자.

여든의 낮

잘도 참은 애닯음에 달랠 줄도 몰랐으니
서글픔은 삼키면서 쓸쓸함은 내쳤었나

그 눈물
손으로 받아
어둠으로 거두겠지.

눈을 감고 사라진 일 그리도 많았으라
겉불로 속을 데워 저물녘은 견뎌냈지

그 울음
목을 따내듯
여든 길을 비쳐줬지.

지난밤에는

으슥한 고향이라
재를 넘고 강을 건너

저승도 이승보다
낫다고 새기면

일흔 번
더한 두려움
겁에 질려 숨었었지.

간밤엔 삶의 값을
거뜬히 벗어나서

꿈결에 그럭저럭
뛰면서 닿기까지

오늘은
굴레를 벗고
아뜩히 만나야지.

더불어 우리도

마음에 너를 묻고
꿈결에 꽃을 심어

푸른 하늘 키 맞춘 듯
이 세상 두루 돌면

더불어
산천도 엮어
높낮이가 없던 것을.

저녁놀에 부쳐

외마디 중얼거림 성인을 만났었나
한 송이 꽃으로도 공양이 가능하면
색깔 든 하늘에 얹어 두 손을 모아야지.

빗소리 거두어서 귀까지 닫아걸면
슬픔에 젖어드는 가슴은 어찌하나
이 하늘 새털구름도 내게 와 보듬긴다.

고향의 그 강

비 내려 땅 적시고
다시 또 흙 풀어선

물살을 받아 안게
물줄기 가다듬는

그 흐름
삼백여 리로
내 고향 낙동이다.

거푸 거푸 푸른 하늘
잎새맞이 꽃잎맞이

춤으로도 넉넉히
모시고 받들다가

안개로
매듭을 짓는
낙강이요 동강이다.

근심걱정 많았으나
신세 한탄 그 노릇으로

풀어서는 돌이키고
바다로 몰아가서

꽃길의
더없는 고향
언저리도 아득해라.

걸망태 지고

지천으로 봄내음을
쫓아가며 흥을 내는

꽃비의 내림마저
나를 따라 왔나보다

이 봄은
내가 짊어진
나들이의 걸망인 걸.

이렇게 차 한 잔

달빛을
흩뿌리는
동백꽃 붉기로니

매화도
덩달아서
차 한 잔을 권하기로

옳구나
내 마음조차
따르기도 바쁘구나.

다도해

잠시나마 바닷길을
봄안개로 받쳐들면
붉디붉은 동백꽃은
피눈물 쏟아내고

가파른
언덕배기엔
찬연한 햇빛이다.

내가 묵던 그 동네는
반 바퀴를 더 돌아서
갈매기떼 여전히들
드나드는 골짝이라

섬과 뭍
이어져 내려
길 잃기가 십상이다.

울창한 바다 밑을
물질하며 떠다녀도
거나한 물거품은
입버릇에 얄궂다만

검푸른
엽록소 합창
피눈물은 아닌 듯.

큰고니 놀이터

얼굴에는 달빛이
가슴에는 물놀이를

휘어이 휘어어이
하찮은 일 팽개치고

추위는 아랑곳없게 한데로만 나도는가.

아쉬움 못 잊는지
낮밤없이 찾아와서

발자국 뒤엉키는
두물머리 나돈다면

흥겨움 더욱 아쉬워 철새도 마냥이라.

그런 날 하늘 밑은
왜 그리도 맑았던지

별똥별 수북하게
보듬어 흩뿌려도

고니떼 엄정한 식솔 눈코 하나 깜짝 않네.

몸살을 하며

올해는 몹시 춥고
길기는 왜 그런지

움츠려 다독이기
한참을 지쳤어도

참으로
건너뛰기가
무척이나 어렵구려.

복수초 노랗게들
햇살 받아 뾰족한데

매화눈 터뜨리기
흉내조차 어렵거늘

아직도
설렘까지는
한참을 기다릴 터.

해안도로

가파른 낭떠러지
헤쳐가며 돌아서면

바닷빛 반사되어
절벽길도 더 푸르고

등 돌린
허공의 물새
두 날개 활짝 편다.

그곳은 내 마음터
이끼들 흩뿌린 곳

뒤꿈치 덧들대고
발자취 숨죽인 곳

비로소
물길질해도
물너울은 숨 죽인다.

배를 깐 난바다로
헤엄쳐서 떠다니는

작은 섬 고슴도치
멱감을 일 뿐이라나

찬연타
동백의 넋들
바닷빛에 엮어본다.

그대로 하여 나는

내 집이 아니어도
길은 꺾여 여기 왔고

때가 비록 늦긴 해도
푸른 잔디 괜찮다며

연거푸
쏟아져드는
그 푸름을 어이하랴.

알기야 한다지만
진눈개비 여전하고

허물을 벗어 던진
늦가을도 견뎌야지

한세상
잊고자 한들
꿈길임을 어찌하랴.

종일 드러누워

나자빠져 드러누우면
눈꺼풀도 마냥 풀려

하루 해 쓰러진들
안타까움 아니련만

서글픔
너우적대는
그 자주는 버려야죠.

실성에다 절망감을
잇대 놓고 한숨이면

사나흘도 훌쩍 넘겨
되새김질 버릇되고

등창은
도를 지나서
내 몸을 넘쳐난다.

세상 넋두리

한도 없이 파고드는
밀물의 여지없음

물결무늬 닮아감도
어처구니 아니련만

따갑고
두려웁구려
산지사방 못질이니.

한나절을 흉내내는
울부짖음 넘실대고

욕지기에 나무람도
남의 탓 모두라면

참으로
부끄럽구려
그 한 발의 앙탈들이.

새벽 차

첫인사 알뜰해야 속셈이 맑아오듯
새벽차 으뜸이라 향내도 그러하다
닫아 건 가벼운 그 맛
씁쓸함 제격이다.

한낮의 어둠일랑 동틀 녘에 말끔히
몸 닦고 마음 데워 하루를 접으려니
평생을 먹으로 치듯
내 삶이 그러하다.

세상의 어지러움 어느 뉜들 원망하랴
찻잔을 비우고는 그 잔을 또 채우니
어둠을 들이키는 일
가슴도 후련하다.

삶 앞에서는

가슴엔
고마운 뜻
뽑아 드니 안타깝고

모난 듯
이 세상을
들렌다고 못하던 걸

손 저어
살기 힘드나
진정으로 살고지고.

보문호에서

물안개 묻어나서
멀찌가니 또 가깝게

옛과 오늘 비춰보면
현실감은 더 또렷이

신라도
오늘이어라
큰 숨을 들이킨다.

무덤은 오죽하며
그 모두 보듬어도

물결이 가까운지
너울마저 도탑구려

군청빛
지난 세월아
나를 두고 어디 가냐.

그 시간 뒤로는

모래시간 흩고 나면
낯이 설고 부족한 듯

목젖은 말라붙고
먼 곳만 마련되나

그렇다
내가 살아낸
그 고장이 아득한 걸.

떠나기가 아쉬워서
닿을 수가 또 없었지

헤뜨림은 어려웠고
머리라도 내저으면

헤아림
다시 엮어서
꿈 밖으로 나설 것을.

음표 쌓기

후두둑 흩날리는 소리들의 흉내로
음표 쌓기 싫증나서 허공에 맴돌렸나

갖은 짓
다 해보아도
낙엽으론 안 되었지.

하이얗게 잠에 빠져 새벽녘 다 되기로
자리에서 흐느적인 그날 그때 감흥이사

느긋함
꿈으로 엮어
가슴뛰게 하옵소서.

물소리에 다름아닌 그럴듯한 높낮이가
걸음으로 내달리던 노랫소리 길고 짧음

분명타
호젓함 속에
엮는 법도 많을지고.

풍취(風趣)

봄바람 일렁일 때
알량히도 나부대니

하얀 꽃잎 보여주듯
허리 꺾고 누웠어도

이팝꽃
내가 아니면
그 누가 보아주랴.

내 앞을 가로질러
노을빛에 가닿으면

마음 두고 지켜 보다
검정 열매 알량하면

그 풍취
속태움마저
가을걷이 아니던가.

이미 해는 기울어

해는 이미 기울어서 그림자도 엷어졌고
내가 만든 길마저 얄팍하여 아뜩하다

어렴성
까탈스러워
세상사 안타깝지.

더러는 성가시고 틈새도 한이 없어
심술까지 내비친 걸음조차 쉽지 않다

높낮이
가릴 수 없어
장님인 듯 입 다물지.

뉘라서 더듬이로 손 쉽게들 빌려주나
오갈 데가 따로 없어 장님의 지팡이라

어둠도
껴안고 싶어
입을 꼭 다물 수밖에.

자문자답(自問自答)

엉뚱한 물음으로
질정이 없더라도

낯이 설워 답답하니
황당함만 몰아친다

아서라
언제고 앞길
연습이고 복습이랴.

어리석음 되풀이에
나이테만 불렸어도

내가 나를 몰랐으니
내 탓의 대답인 걸

그렇지
어제 오늘의
되풀이가 길인 것을.

눈사람 되어

온 밤을 쏟아내어
사람자국 덮씌우고

꿈 속의 속내마저
오갈 데가 없게 되면

눈동자
반짝임까지
어질증 거둬내지.

세상을 다 뒤져서
고달픔 거둬내고

산타의 모자까지
팔자로 얹게 되면

세상사
차디찬 살림
그 맘으로 충분하리.

스스럼없이

기억의 나날들을
흩고 다닌 오랜 버릇

제 꼬리 붙드는 일
그마저 어려운지

남의 탓
질책도 하고
안될 까탈 찾아낸다.

숱하게도 몹쓸 짓들
셈법만 내세워서

제자리 걸음인들
접었다 펴는 일은

몸살에
얼른 내려서
스스럼 떨어야지.

꿈이라는 이름으로

열심히 찍어 붙인 거울 속의 얼굴마저
다듬은 몸매에다 그 맵시가 괜찮은 듯

가만히
들여다보면
그 마음 읽히는 걸.

더러는 겸연쩍어 덧저고리 스스럽게
엉뚱한 뜻으로도 꽃다움을 털어내니

아뿔싸
꿈이란 이름
너울까지 덧씌우랴.

깨우침 같은 것들 잠깐만 곱씹어도
자다가 깨우치는 어리석음 느닷없네

가상타
어리석음아
잠든 이를 깨워야지.

화분 몇 개로

연둣빛 바쁘다며 짙푸름을 시샘한들
시든 잎 내쳐가서 낙엽은 겸연쩍다

그 봄날
화분 몇으로
진한 풍경 이루소서.

때때로 쓸쓸해 껴안기의 화분이라
저물녘 급한 잎이 치솟아 하는 말은

빠른 철
그럴듯하니
기다림이 어떠한고.

내 집의 뜨락 또한 봄 좋다고 두서없고
작은 그릇 몇 개로 물주기도 아쉽건만

몇 발짝
아니 걸어도
든든함만 못할손가.

낯선 곳 먼발치로

보름달 맑은 밤도
실상은 흰 소금밭

한낮의 뙤약볕도
눈이 부셔 흰 솜이불

오늘은
밤으로 나서
멀찍이 걸어보자.

호수는 조금치의
바람에도 흔들리며

비록 눈이 없더라도
들판은 메밀꽃밭

이제는
돌아갈 길만
어렵다고 생각했다.

내 시로 하여 나는

스스로 말을 걸어 간신히 답을 하는
내가 사는 동네의 무덤들로 엮었으니

하얗게
바랜 머리칼
몇 가닥 남았던가.

가락이며 맵시들이 제 모습을 얻지 못해
오며 가며 맨 몸으로 형태 없이 내달아서

그 사정
어이없게도
얼개마저 있었구려.

다듬고 주물러서 엉덩일 찧기 일쑤
언제나 드센 바람 취한 듯이 흔들지만

아서라
텅 빈 탓인들
다독여서 매달자구.

간밤의 꿈자리

간밤에도 샛길을 엄청 많이 돌아나가
식은땀 흘려가며 자리를 털었었지

그 아픔
뚫고나가는
헛걸음만 재촉했지.

그보다는 좀 더 앞서 어둑살 짙을 무렵
흔적 없는 움직임에 소리마저 덮었건만

못 박아
나를 묶어서
굳힘까지 다잡았지.

손 저어 야밤에도 숨바꼭질 쉼 없고
욱대기가 더하여져 서글픔만 쌓았거늘

건너뜀
그지없게도
난들 어이 하리요.

악수

만났다가 떠날 때라
어김없는 약속으로

낯선 손을 흔들면서
굳은 정을 나누건만

에둘러
문을 잠그면
잊은 듯이 깜깜이다.

잡았다가 닦은 두 손
막말에다 윽박지름

단단하던 어제라도
분별하긴 어렵거늘

흔들어
굳히기로는
앞일이 고단하다.

서운함과 안타까움
내지르긴 쉬워도

언약의 그 분별력
굳히기가 더 까탈져

엉뚱함
세워서라도
두고두고 살피소서.

어렵사리

간밤에도 열심히
식은땀을 훔쳤었나
어둑살 잠자리에
벽을 뚫고 내달리면
내 혼은 어느 곳이든 떼어놓기 힘들었다.

별과 별 사이 돌아
욕망의 내 공간인들
반사되는 빛을 모아
옷이라도 짜입노라
언제든 살아있음에 두려움이 앞을 선다.

20.

십삼월의 뜰

책머리에

살아온 내력이 아득하다. 그저 그렇다는 뜻이려니 의미를 찾자는 것은 더욱 아니다.

돌이켜보아 깊이는 물론 허술하기조차 하여 송구하다. 원래 발자국소리는 내지 않는 법. 구접스럽고 부끄러워 내세울 바 없으나 이왕 서둘렀으니 어여삐 보아 주시기 바란다.

2015. 3. 14

성춘복

그 아침에는

새해의 그 아침에는
그날의 발목을 잡고
해맞이를 위해서
힘껏 손을 저어야 하리

온 누리에 햇살 퍼지기까지
등뼈 세우고 더러는 성가시고 귀찮지만
이젠 고집도 좀 내려놓고

말뚝 박아 들앉힌 늙수그레는
제발 입술의 두티를 삼아
눈물이라도 씻어 보일 일

깝죽대기 좋은 쭉정이의
삿갓은 뒷짐으로 돌리고
살아있음의 무게로 부끄럼 삼으세.

들녘으로 나서며

웬 바람은 그토록 사나운지
배 고픔과 고달픔도 한량없어
그대, 내 손 좀 붙들어 주시게나

제 발로 찾아나선 이 들판
혼자여서 어둡기도 한량없으나
그대, 날 좀 잡아주시게나

이렇듯이 살아내다 보면
광야로 내쫓긴 꼴이 되나니
그대, 날 좀 이끌어주시게나

거듭 애원해 비노니
가깝게 더한 곁을 내주어
그대, 내 손 좀 따습게 해주시게나.

나비를 따르다가

내 집도 못마땅한 듯
작은 뜰을 벗어나
훌쩍 담장을 넘는 햇살

울타리 너머 나를 밀어붙이는 그 삶
두 눈 꼭 감으며
멋쩍게 미소로 받아내고

날마다 늘어나는 시간을
기어코 웃음으로 쏟아 부으며
옛생각에 잠겨도 보지만

덕적대는 세월의 너울이사 어지럽게 타고 넘어
그래, 다 늦은 노을녘이나마
포만감으로 곱씹을 밖에.

거울 앞에서

눈을 감아야지
먹칠한 어둠이사
세상에 흔한 일

웃음 뱉어보거나
멋쩍은 듯 드러내는 덧니
한 늙은이의 모습이려니

제 꼴이 어리석음을 닮아
바로 이녘인 듯
허둥댐도 부끄러움과 흡사하고

푸념쯤 시간만 덧대면
주름살로 여겨지는 법이니
첩첩으로 얼룩을 덮을 뿐.

말씀의 그분께

내 키보다는 좀 크시고
그 너머 더 아득한
산(山), 우뚝 하느님

아름다우시고 또 엄정해
향그럽고 달콤하니
높이 계셔 더 근사하신 분

안개 속이면 더욱 붉게
보름달이고 환한 길인
아버지 하느님

아니지, 나로 그인
또 내 주인이시고 점잖으신
마님으로 참 엄하신

우리 아버지 하느님
턱 밑의 워낭소리 낱낱 받아
요란치 않게 던지시는 그 말씀.

미얀마의 황금기도

연사흘
금빛 탑 아래서
나도 어쩔 수 없는 꿈이었습니다

찬연한 종탑 아래
맨발이어야 극진하다기에
믿음의 내 가부좌는 공양이 되었고

얕은 담장 밑으로
한정없이 퍼담은 천성의
내 향방은 계속 이어지기 십상이어서

지금도 나는 꿈속
아무런 자락이라도 끌어안고
황금덩이가 되어야 한다는

아, 이 밤과 다음다음날도 또한
천방지축 낯선 길만 찾다가
노랗게 황금으로 물들고 싶은 소망이었습니다.

오늘의 속내로

머리숱 다 빠져 안팎이 구별되지 않는
민둥산의 빈 뒤통수를
소갈딱지 같다 했다가

정말이지 너네들
낡아 빤질대는 그 성미보다
짜증스런 값으로 오늘 하루를 더듬게 했나니

제 탓에 절로 달아오른 궁금증의 속내로
발자국 붉게 만들어
애써 두 손 다 묶었으며

무슨 흉내로도 풀 수는 없어
언짢은 자리를 걷어차도
어깨만 흔들고 있다니.

나날 · 2

하루 한 군데
몸 감출 골짝을 누비다가
찾아야 할 곳이 어딘지

방황의 인연도 그렇다만
그제는 홍천의 풍경나루
어제는 또 평창의 공심(空心)산방

버리면 당장 거두어야 하는
내 마음의 습성터
당장 해돋이는 거둬야 했고

웬만하면 변덕조차 시들해
오롱조롱 빈정거리기만 하는
내 품팔이의 몹쓸 나날들.

지금은 비

지금 바깥은 비
내 속까지 흠뻑 적시는
문밖은 아우성 천지다

마음에 묻은 꽃씨마저
소나기에 쫓겨 앞뜰로 나앉는지
촉촉하게 날개마저 젖어
온 세상은 씻은 듯 분주하며

산천은 고루 젖어 넋을 버렸는지
서로의 날개를 부둥켜안고
급한 저물녘을 걱정하듯

온 들녘이 마냥 온전할지
조급한 마음을 다독이지 못해
말릴 틈새를 얻으려 하지만
내처 치닫기만 하는구나.

노을빛

황망히 밟아가던 바람의 길 여든 해
날마다 다른 빛에 황금길 펼쳐놓고
오늘은 젖은 손 펴며
발자국을 다듬네

젊음이 아니라도 꽃이나 엮어볼 걸
마음의 깊은 골짝 군불까지 지핀 다음
객쩍은 입술 가리며
부끄럼을 떨어내네.

춤사위로

여든에 둥둥이라
철이 드는 이 버릇

아낙도 덩달아서
부채질을 해대니

아서라 그 장단에야
뉘라서 입 맞추랴

한 바람이 저러하니
그 노릇도 그렇겠지

오늘은 헛것이라
나선 김에 춤짓뿐

그렇게 흔들릴 일은
너라도 보아야지.

햇살 찬(讚)

밝은 햇살 몇 가닥
무릎 아래 깔리면
몸은 절로 일어나
찬연한 아침을 맞게 된다

지난 밤 받은 그 친구의 엽서
목이 매인 채 거기 있고
알맹이는 달아나
숨소리만 들릴 뿐

이제는 눈 줄 데도 없어
허공만 훑다가
코 막힌 소리만
등때기를 긁고 있네.

그림자를 위하여

미우나 고우나
그래, 기어코 나를 따라붙는
네 그림자의 모습에
나는 기어코 끌리고 마는구나

깃발처럼 흔들대며
잘도 너는 떨쳐내지 못하는 바람으로
그 무게야 여간이 아니지만
헐겁게 잡아채 끝내 나를 뒤쫓는

정말이지 너는 나의
형이요 아우가 아니던가
더는 긴 세월의 너울이 아니라면
팍팍한 그림자의 핏줄로

형제여, 오 나의 부끄러움이여
그 누구도 이해하지 못할
이 불안정의 그저 상처난 꿈자리여.

까막까막 새까맣게

까마귀처럼
까마귀처럼
나귀를 탄 나그네로
호젓이 죽음에 끌려가다보면

갈릴래아 옷에
붓다의 머리띠를 두르고
두 발 가지런히 모아
담 밑 처마에 엎드리게 된다

죽은 자의 혼이 쉬는
그 집
위층 어디쯤
사는 일도 별 염려는 아니라며

죽은 듯 드러누워
산 자인 체 나자빠진
등 댄 이승과 저승의
그 냄새 맡으러 여기 내 왔노라

이웃집이 곧 내세(來世)라는
건넌방도 죽음인 바
까악까악 울음으로
까막까막 새까맣게.

나무의 꿈

나무와 나무 사이 길이 나듯이
저들이 나누던 얘기를 깔아
나도 어깨걸이는 해보아야지

맑은 봄은 쉬 다가와
그쯤이야 나도 할 수 있다며
따슨 바람의 미학(美學)도 풀어보지만

한두 발자국 더 내밀다보면
세상은 이내 연둣빛이 되어
계절도 깡그리 접을 수 있으나

종일 내달아야 제 맛이기나 한 양
젊은 혈색으로만 뽐내다보면
색색의 열매도 달게는 되나니

여름이여, 가을이여
딱히 눈발에 바람 흩지 않아도
그저 물기 묻은 햇빛만 머금게 하소서.

녹색의 공책에

나뭇잎으로 눌러 만든
널찍한 공터엔
늘 푸른 상처만 남게 되지만

어설픔의 진솔한 이력은
가상하게도 자국으로 남아
완연한 가을빛으로 물들고 만다

덩달아 내 나이도
서글픈 세월의 사연들 깔아
자신을 늘 쓸쓸하게 만들고

그렇지, 황당하기는 하나
갈망조차 내보이는
내 일기장의 안락은 믿어볼 수밖에.

그런 나무의 눈길

나무가 내다보는 쪽으로
등을 돌려
나도 같은 향방으로 길을 택한다

이왕이면 오늘은
의자까지 밀어붙여
날 세운 짐승의 눈길이 되어보건만

따로 계절을 밀어붙일 바도 없이
천연스레, 그렇지 하루 한 나절은
긴 그림자로 나자빠질 수밖에

나무가 지키는 그 자리가 되도록
온몸 흔들리지 않게
나도 나무의 자세나 지켜야 하리.

침묵하는 시간에

아주 엄전하게
당신 곁에 다가앉아
세상도 두루 돌아보며
더러 입술 뾰족하게 내밀 수밖에

같은 모양의 내 위를 당신이 타고 넘어도
별탈없이 재미롭다는 말밖엔
따로 입맞춤할 심호흡이 아니지만

늘 대견스런 낯빛으로 입술 내밀고
엉덩일 저만치 뽑아
당신의 손등이나 어루만질 수밖에

한 번도 소유한 적이 없는
내 과거의 모두를 떼며
분답한 시간을 탓하다가
오늘은 입을 꼭 다물고 마네.

찬 이슬 털며

오십시오, 어서
어둠 속의 찬 이슬 털며
밝아오는 날을 맞노라면
길도 바삐 휘어져
지난날도 부질없이 쓰러지고 말거니

신새벽 첫아침에
작은 꿈 하나 익히느라
다부지게 애쓰긴 해도
시간의 주름은 깡그리 펴져
속 시원히 자리를 깔고

거두어 익혔던 세월쯤
수밀도의 그것만 같지 않아
보드라움과 짜임새까지 모두
애먹이는 일들 뿐이라며
가슴에 불 지를 일이 어디 있으랴

오십시오, 어서
우리의 진정한 새벽은
해돋움 크기만큼이나 새롭게 다가와
황홀과 보람의 진정이 되도록
까맣게 다 지우게 하소서.

여편의 말씀

집을 좀 보아달라는 여편의 말씀에
나는 조을던 자세를 굳힌 채
먼지들이 하는 상하운동으로 고갤 치뜬다

유리창 뚫고 투명하게 들어선 햇살들
굳게 할 양으로 믿음을 세워
옛날의 약조로 뻗대기도 하지만

거의 그대로 기억의 골목들 굳혀
애써 조을지 않으려는 이 고집
끝내 어둠 속에 버려두게 되고

여편보다 더 짠한 버르장이로
한정 없이 속 비치게 추슬러서
엄정하게 내 집에 나를 가둘 수밖에.

자리를 털고 일어나

삐툴거리다가 헐거워져
헌 신발짝이 된 신세
너무 오래 살다보면
문짝에 눌러 붙기 마련

어느덧 세상은 밝아와
스스로 장하고 찬연타 했고
하릴없는 졸음에 겨워
몇 개의 주검이라도 밟고 설 것 같으나

하루해가 지겹고 짧기는 해도
드러누워 편히 괜찮다며
별빛까지 애써 챙기고
눈시울만 잔뜩 치뜨다 보면

버거움에 지쳐
다시는 일어날 엄두를 않고
먼 세월을 따돌리며
난 천연스런 앉은뱅이가 되고 만다.

봄날의 민낯

목숨줄 느닷없이 사라지면
너나없이 자빠지듯
아우성으로 너덜강 이루고
풍덩풍덩 잡풀들은 잘려나가
나무도 큰 키로 쓰러져간다

상처뿐인 이 곤욕
하늘은 울음천지라
땅도 온통 머리를 털어쥐고
비겁하다, 처참하다
산천을 몽땅 거둔 채 말도 아니라며 혀만 차는데

해마다 다가오는
이 봄날
옳게 바라볼 수가 없으니
이젠 민낯의 홍수를 겨루기나 해야지.

내 고백하거니와

하릴없는 사람의 노릇인가
연필 깎기부터 시작하여
소일거리로 하루를 지탱하는
나의 글쓰기는 마냥 어려움으로
늘 나는 떼 부리기가 일쑤다

무슨 뜻인지 확연치도 않은
낱말들을 줄 세워
호각소리 불어대며
요란하게 땀을 흘리게 하다가
때론 줄을 놓치기도 하지만

더러는 스스로를 달구쳐
도랑물 소리로 앓게도 하고
가슴 마구 조각내며
주전부리로 곱씹기를 일삼다가
내 살아남기의 알량함으로 내세운다

아서라, 시작이 반이라도
온종일 스스로 달래기를
그보다 더한 고역은 없노라며
부끄럼 무릅쓰는 제자리걸음에
내 글쓰기의 한나절을 만들던 것을.

한나절의 놀이

저 혼자 잘도 눈을 떠서
그저 빈 생각만 곱씹어대다가

늦더위라도 무난하다며
허투루 촉수까지 내젓고는

보란 듯 다소곳하게
웃음기 한 번 빙긋대기나

그 일상의 한나절쯤
아니 그 버릇 아주 나쁜 보기로

마냥 흉내말 흩는
내 한나절의 놀이여.

작은 나무 사랑

내 집 뜨락의 식솔로
꽃사과 한 그루 들였더니
맑은 아침하늘만 보았는지
초롱한 꽃눈마저 퉁기고 있네

봄비 한 줄금 쏟아지던 날
낯이 선 듯 왕창 빗줄기를
귓전 따갑도록 내리고
마냥 울음보로 쏟아내니

결코 낯가림은 아니라며
백매(白梅) 두 그루의 겨드랑을 끼고
온몸 젖도록 뒤따르게 하여
편애까지 보이다니

울어라 그래, 실컷 울어
자연사랑쯤 하릴없는 나도 본받아
안 보이는 동네까지 끌어다 붙일
네 사랑의 부추김을 내가 보아주마.

하루의 자유

참말로 오랜 버르장이라
서너 시간 초저녁잠을 찾아들었다가
눈꺼풀 털고 일어나서
주섬주섬 옷을 꿰어차며
방문을 따고 어둑발을 살핀다

그 풍광은 전혀 바뀌지 않았으나
채 준비조차 쏟아낸 바 없이
진작 세워둔 풍수(風水)의
한 켠이 풀려져 나가서
봄날의 노란 꽃잎만 반짝이게 하느니

아무 일 없었던 듯
돌쳐서 아내의 방을 따돌리고
햇볕 한 번 든 적 없는
내 쪽방의 어눌함을 재촉하여
정적의 등잔불 밝히고 보면

겹으로 쌓인 먼지는 쏟아져
드디어 해방이 되는 양
내 정신의 쪽방도 느슨해져서
바퀴소리 요란히 들판을 질러
푸르고 기똥찬 자유도 누리게 되는 것을.

베토벤

- 베를린 필하모닉 현악 4중주

그렇지, 비엔나였었지
새로운 고전양식의 명확성을 위하여
베토벤은 잘 정제된 수사학으로
현악 4중주 1번 바장조를
18번의 첫 번째 곡으로 놓았고
자신의 삶이 흐르는 듯 대변이라도 하는지
놀랍게도 참으로 개성 있게
창의력을 돋보이게 했지

물론 나도 그곳에 있었고
하이든을 닮았든 모차르트를 가볍게 했든
아주 힘차고 빠르게 끌어가서
바하가 그러했고 하이든이 그러했듯
소나타를 전개하면서
우리들의 여로를 돕도록
첼로는 잇따라 활기 넘치게 쫓아오게

어둡고 슬픈 가락의 입을 다물고
비통하게도 공원의 그날을
내 젊음으로 불러 잇대어 주었지

한탄과 죽음을 서술해 나가다가
느리게 그러나 열정적으로 쏟아 붙는

우리들 감성의 전개 앞에
풍부하게 활갯짓을 해놓고는
아주 따사로운 봄밤의 아득함이나 환호를
물론 나처럼 하얗게 세어버린 머리칼로
비올라의 나이트하르트 같게
비엔나의 그 공원 어귀쯤
담배를 피우다 혼쭐난 머쓱함으로
그는 나를 예감하고 있었지.

어느 별 하나가

벼랑의 떡갈나무에
잎새 몇
단풍으로 불붙으면

식은 땀 굳힌 듯
홀연
나뭇잎 하나로

한밤중의
그 어느 별
알지 못할 눈물 뿌리며

둥 두웅
허공을 한참 헤매다가
내 가슴에 와 박히고 마네.

어둘녘에 일어나

손발 닦고 자리에 들었다가
바깥으로 다시 나와
지는 해를 바라본다

얌전히 무릎을 합치고
두 손 가지런히 보태면
지나간 빗소리까지 깡그리 거두어진다

좀 안쓰럽긴 하지만
몸은 한결 홀가분해져
쌀쌀한 하루였으나 씁쓰레하기도 하고

놀녘이 더 아름답기도 하여
애써 눈길 가다듬어 앞길마저 지워놓고 보면
사방은 훤히 어둠에 맡기라 한다.

오늘도 별일 없이

구역질 몇 번에
헛손질 몇 차례

마음 속 깊은 곳에
감춘 것 여럿이라

그 풍경들 다 모아
햇살에 비춰보면

허공을 헤엄쳐온 듯
삶의 무게 다 털려

오늘도 빈자린가
그늘에나 쉬어야지.

그대 나무여

계절을 돌아 한 바퀴
우리 모두의 마음 앞에
푸르게 몸 일으키는 저 나무

든든하기 그지없는 고향같이
굳게 뻗어 아름답고
늘 거기 있어 뿌듯한

나무여, 더욱 활짝 뻗어
그늘 되고 샘 되어
다시 불 붙는 나의 나무여.

무릎을 꿇다보면

한 그루의 나무 앞에
무릎을 꿇는다
두 발 접은 채 손도 모은다

벼락 맞은 듯
치솟는 허공에 나를 띄우면
복숭아뼈 속까지 비게 되고

감아쥔 내 엄지는 묶여
둥 두웅
하늘 높게 솟구치다가

결코 세상으론 돌아설 수 없는
자유스런 내 몸뚱이마저
다시 태어날 젖값이 될 수밖에.

아랫동네에서

적도 아래
마운틴 하겐의 대숲에 내리던 그 밤비
태산목의 희디흰 꽃내음에 취해
내가 묵는 왕골집의
댓자리를 뚫고 베개까지 다 적셨다

파초 잎에 떨어지는 빗소리며
장단에 맞춰
삐삐새는 아직도 적도를 뚫어내려는지
내 속의 청정은 모르고
내처 울음소리만 뱉고 있다니

얼마만인가
붉고 푸른 저 꽃들의
새벽안개를 올리고
젖은 흙들을 헤집는
신선한 새 공기를 여기서 맡을 수 있다니.

꽃망울

더없이 노을녘이 아름다워
해는 더욱 기울 테고
때가 되면 어둠마저 짙어가서
우리가 가는 길을 덮을 것이지만

오늘은 뜻 아닌 눈발까지
적적히 내려 나를 쓸쓸하게 만들고
눈물의 값은 더할 수 없는지
두려움에서 발끝까지 쏟아붓는다

사각대는 발소리는 그렇다치고
하얗다 못해 눈시울이 얼어붙는
안쓰러움은 붉게 타서
내 앞의 꽃망울마저 매달게 하다니.

소백산기(小白山記)

죽령의 산턱을 휘감아
눈 헤쳐 달려온 고갯마루
태백의 부석사 안양루였었지

짐짓 더 높이 오르지 않아도
어깨와 나란하게 둔덕을 돌아
숲은 나를 피해 저만치 가서 섰고

또 내 마음의 길까지 그러하여
빠듯하게 목젖을 눌러대니
무슨 얘기로 허리를 굽혀야 할지

망설이고 주춤대기도 하다가
발 밑으로 다가들며 무량수전에다
너부죽이 허릴 굽혀본다, 아무 의미없이.

꿈자리에서 비나니

황해의 짠 물은 들끓어
추위엔 바닷물까지 얼어붙는지
시샘 많은 세월만 흐른다

기찬 사연도 숱하지만
몹쓸 돌림병까지 번져
어리석음까지 엷게 보태다 보면

내 곁의 자리 차지와
도탑고 다사로움 간절하여
늘 슬픔에 아쉬움만 남겼고

진정으로 올 한 해만은
드넓은 동녘 어디에다
깊이와 푸르름을 부탁하여

헐뜯음의 오랜 설움을
깡그리 쏟아부어
날 더 편케 해주었으면.

어리석음에 대하여

강도 몇이나 건너
고향보다 더 깊고 으슥한 곳
산 속에 숨어 살면서
난 저승 같다는 이승을 즐겼었지

일흔 넘어 여든의 두려움도 없이
겁 질려 하얗게 굴레를 쓴
흙먼지의 길을 혼자 달리며
그럭저럭 예까지 왔느니

초라하게 지낸 그 삶의 값으로
용케도 간밤엔 자릴 차고 일어나
내 고향에도 가보았으며
꿈결이나마 할아버지도 뵙긴 했으나

가을걷이가 다가올 무렵이라
추위와 삭막의 두어 계절쯤
푸새와 더불어 어리석음까지도
내 무덤자리로 다독일 수 있을지

언젠가는 편히 쉴
푸근함을 베고 누워
젊은 날의 하늘을 돌이키며
내가 살 나라를 생각해봤지.

이런 날의 새벽에는

산비탈에 기대 선
먼 빛의 나무를 보며
인사만 주고받던 몸체의
그 발목을 어쩌다 들여다보다가
맑은 차 두어 잔 우려내
그 곁으로 바짝 다가선다

놀빛을 머리에 올려놓고
말없이 제 발치만 보는
그 품새도 꽤나 모양스러워
무엇으로 살아가느냐고 묻노라면
목숨 있게 사는데 그게 웬말이냐며
내 어리석음을 꾸짖는 것 같다

순리대로 엮어 사는 모습이며
생긴 대로 드러낸 그 속내까지
고달픔도 내색을 않고
망설임과 두려움의 탓함마저
늘 그런 투에 억양만은 괜찮다싶어
새벽부터 내처 어깻죽지만 올려다본다.

풍경 속으로

가을이 다할 무렵
눈바람 몰아쳐도 나는 얼른
손을 나누어 잡지 못하네

어둠이 그러하듯
간밤도 달빛 묻혀온 얼음꽃에
고갤 갸우뚱거렸건만

건넛산으로 옮아앉은 아내의
웃음으로 손톱 같은
물봉선꽃빛을 뿜어낸다면

나는 내 집 유리창 너머로
날개를 나눠 달고
겨우살이를 위해 자리를 뜨련만

한 발짝이라도 더
거울에 비추어 보아 제 그림자의
그리움이나 달래어 보아야지.

타령조 · 1

뭉그러지는 놀빛이 좋아
다 저문 나절에도
벌겋도록 스스로를 달래며
허방짚다 돌아서는 길이었을까

골목 몇을 꺾게 되면
언덕배기의 한 집 앞
허물어진 문짝을 밀어붙이며
쉰 소리로 거기 누구 없느냐고 묻게 되고

기가 꺾인 나는
자못 내가 누구인지 밝히기 어려워
눈부신 여자를 우러러 보며
주눅 든 허리만 추스르다가

떫은 삶의 뒤안길이
내 건망증에 오늘이 끝이라고
지난 일만 내처 돌이키다가
다시 내일을 기약하고 돌려서고 만다.

타령조 · 2

어찌 보면 늘 홀몸이라
매양 부딪치며 엉얼거리다가
제 풀에 기가 죽고 말지만

스스로 믿고 의지해야 한다는
쭉정이 같은 노랫가락으로
가슴 저림을 토닥거리며 살아냈으나

걸치레나 옷차림쯤이사
뜻없음의 새김이라 할지라도
내 구원의 덮개거니 믿었었고

정체 모를 슬픔의 늪에서
그림자마저 헹구어 말리는
내 버릇을 또 달래기도 했거니와

하늘이어, 제발 올 한 해만은
아득한 높이의 내 나이를 좀 낮추어
저 산 아래 엎어지게 하소서.

혜화동 근처

넉넉히 흔들어야 한다는 손을 놓으며
나이 든 친구분의 안색을
아무 명분 없이 돌아보며
나는 인사를 또 청한다

뿌리 없이 흔들거리는 부평초로
우린 봄이면 꽃을, 더러는 바람도 먹지만
별도의 비탄과 눈물도 없이
아니, 김빠진 맥주잔을 들여다보듯

밤이라면 제가 사는 깜깜한 집에
그만두어도 그대로 살아 있어야 할
별판 같은 세상을 걱정하며
안부도 묻고 어깨걸이까지 해보다가

내일 아니면 모래쯤
그렇지, 그분이 혹 보이지 않는지
공연한 근심을 쌓기도 하고
신호등 잃은 거리가 될까 걱정도 하며

내가 사는 동네 어귀
혜화동 로터리에서 늘
친구 김영태와 말을 섞었는데
이제는 함동선 선배와 손을 바꾼다.

그 옆집

내가 누운 창밖의
저 건너편
거기, 외롭고 쓸쓸한가

문을 따고 내다보면
수북이 장난감 쌓여
아침저녁도 구분하지 못하는데

손을 들어 흔들면
입 다물어 대답 않고
그림자조차 비치지 못하다니

내 탓인가
너네들 잘못인가
마음 다 놓은 그 무표정들

불안하고 언짢구나
앞도 잘 안 보이긴 하지만
뒤론 불면의 시간이 쌓이고 있던 것을.

신라의 무덤 하나 일으키며

감포(甘浦) 나가는
그 길을 좇아
오늘도 신라를 찾았지

감기 몸살에다
지친 열기의 꿈까지 덧보탠
오늘은 아주 꽃비늘이 되어 있거늘

얼마쯤 내달렸을까
큰 무덤 하나 덩그렇게 보이기에
옛사람 닮은 흉내의 손 벌려 서 있는지

누가 이 땅에 묘비를 일으켜
숫제 문 따위는 없도록
그 목숨 잘도 잘라 갔는데

내가 열심히 사는 방법으로
옛적의 일들을 볶아
길고 크게 산 하나 일으켜 놓을 수밖에.

먼저 간 친구에게

내 집 창틀보다는 넓게
소나무 두어 그루
혹은 앞산보다 좀 높게
전나무 한 그루쯤 일으켜 놓고

빨간 부리의 콩새들
다람쥐를 닮아가는지
막 피어난 개나리의 인사에
버들매까지 가지를 너풀대게 하지만

그 언제쯤이던가
꽃잔디로 열린 문을 달아
우리 모두 귀 세운 바람을 맞으며
세상의 소문을 모아보자던 그런 시절

친구여, 먼저 간 내 동무여
새벽이슬이라도 밟고 다가가
이승의 저 복사꽃밭 아래쯤
까치놀을 풀며 나와 함께 놀자꾸나.

밤마다 두어 번은

내 밤은 깜깜이라
비스듬히 드러누워
책도 엇비슷이 들고
꿈의 경지를 조정해본다

하룻밤에 두어 번
자다가 깨어나면
책갈피에 두 꿈을 끼우고
잠도 두어 번 포개어 청한다

그 일도 쉽지는 않아
더러는 수건을 두 번 접고
단단한 어둠을 곱으로 셈하며
두 눈을 껌벅이다 가려 덮는다

때로는 내 깜깜의
가슴 속 깊은 골에
옷도 벗어 포개어 놓고
내 머리맡에다 다시 놓아본다.

그 봄은 오겠지

금세 꽃바람 타고
수유와 나리, 살구며 봉숭아며
더는 짙붉음이 아닌
달래와 철쭉들을 보고 싶구나

또 물푸레와 팥배
층층나무와 찔레들
그 하얀 등허리를 타고
눈 시린 세상도 보고프구나

파아랗게 물너울 이는
겸연쩍은 수줍음의 봄이랑을
어찌 하랴, 이 나이로도
꽃구경은 나설 수밖에 없음을

길은 어디로든 나 있지만
삶의 뿌리가 되는 저기
내숭스런 나이의 흥분이나마
그래도 문을 따고 보아야지.

어느 하루

비어 있어 휑뎅그렁하다 싶은
골목 몇을 젖히다 보면
어둠이 가시지 않은
이른 아침에 길을 나선다

느닷없는 곳을 가늠해서
세상의 넓이로 그림자를 키우고
어설픈 세상이긴 해도
먹고 마시기에 적당하다는 나름의

자유, 그렇다 그저 그렇고 그런
발자국만 촘촘하게 남길 수 있다면
신새벽의 적막이라도
여지없이 자신을 매질하기에 알맞지

그지없이 만족할
내 알뜰의 세상살이를 찾아
나는 오늘도 부지런히 밟아나간다
어디든 나를 세울 수만 있다면.

단풍나무처럼

날고 싶었지
두 잎 날개를 가지런히 단
단풍나무의 겉꽃대궁처럼

그렇지
허공을 뛰어내려
키높이를 겨냥하는

어깻죽지의 그 간지럼
키높이의 뜀박질로
훌쩍 털어내고 싶었던 거야

덩그렇게
구름 같은 허욕이라 해도
날품은 처절한 법

더는 보탤 것이 없어도
허욕의 바다는 넓고 크나니
날고 싶었던 거지.

지난여름

짠내를 날렸던 지난여름은
가뭇없이 파도소리에 실려 멀찍이
얕은 솔가지 밑으로 가 숨었었지

깎아지른 언덕바지에는
구름들이 솟구쳐 올라
노을빛으로 섬마저 수장시켰고

수평 저 너머로 물거품은 옮겨와
얼마 남지 않은 모래턱을 칼질하는지
갈매기 떼들도 울부짖었으며

까무라치듯 나자빠져
달맞이고개로 물너울은 기어올라
성미 급한 나를 마구 무너뜨리려 했나니

비바람에 씻긴 세상이여
풀이 죽고 울음천지 되었는지
나도 이젠 깊은 잠에 들어야 할 때.

뜨개질

때로는 나도 뜨개질을 한다
긴 의자 끝으로 나앉으며
한참 실타래 끌어당기면

내가 엮는 풍경도
타성은 젖지 않게끔
상상의 실을 풀어놓게 한다

절반쯤은 무기력이라 해도
꼬나들어 등진 그림자는 아니게
연신 고개 저으며 훑어내리기도 하고

또 얼마나 내가 비극적인지
헛된 바람의 나무람을 해가며
내 흔적의 환영을 즐기기도 한다.

쇳물

기억하리라
쇳물이 끓는 저 소리
사슬에 엮인 세월의
기나긴 꿈속이었음을

가릴지라
자애로움조차 겁을 먹고
눈 밝히기에 분분해
온몸으로 꽃다움을 노래하던 때를

풍요로워라
물처럼 보드랍고 느껀한
아픔과 외로움의 징표가
그처럼 소망스럽던 일이었음을

소중하더구나
자존이 곧 존엄이었음을
그리고 살아 있음의 엄청난 징표로
감동의 너울이 되고 있음을.

나의 길

아침이면 늘 걷던 길
푸른 나뭇잎에 둘러싸여
무엇이든 가늠할 듯 싶은 나의
정말이지 감사할 일

건강한 날들의 새벽이었고
일찌감치 어둠을 뚫는
내 마음의 눈으로
늘 밝혀 맑게 하였거니

또 걸을 수가 있어서
언제든 나아갈 길이었고
그래서 느낌도 또 어우르게 하는
내 행운의 새벽이던 것.

자리깔기

자리를 깐다
반반하게

귀퉁이는 접어
햇빛 잘 들게 하고
누워 비스듬히 기댈
가닥도 잡히게 다진다

자리를 깐다
가슬가슬하게

편한 사람의 도리 다하도록
늦추지 않고 재빨리
햇살을 가득 잡아
그리움의 세상이 되게

자리를 깐다
흥정이 끝나게.

이궁(離宮)의 뒤뜰에서

안 궁원 깊숙이 네모반듯한 연못
비밀구좌라도 튼 양
익명의 꿈을 엮는다

손발 씻고 마음 닦던 돌다리처럼
백악(白岳)의 금천물을 밟고
진선문(進善門) 지나 향이 이는 곳

한 달 치 밖엔 남은 것이 없는
내 목숨의 단풍빛 풀면
잦은 비에 나는 거진 고스라져 갔고

늘그막을 들여놓아야 할 내 몫의
햇빛들 모아 붉은 벽에 칠을 보태면
나도 한때나마 큰소리칠밖에.

그리움의 한때

장마 끝의 물같이
눈물토록 억셈을 챙기다가
이내 곱게 풀어내기라니

맑은 마음 되어
드디어 서글픔과 같은 것
그믐달로 띄우던 날 밤은

감춘 듯 지난 시간들을
두 손에 걸어 몸 가리고
쉽게 고개 숙이는 버릇되고 마는 것을

잔기침 몇 번
성냥불 그어 태우려들면
까닭 모를 날들 다가서고

어둠 그 너머
저승까지 다 훑어도
내 닮은 별은 찾지 못하던 것을.

춤

꽃잎이 걷는다
작은 깃털로 제가끔
층계를 밟아 오르듯
채색의 기와를 나른다

따갑게 달아오른
둥지를 타고 내려
어린 뿌리로도 감당할지
그럴싸한 충격의 너울을 잡는다

철마다 다른 모자를 쓰고
문을 연 마당 끝
꽃밭 저 너머
약속의 건강을 찾아나서면

하나씩
한 꺼풀씩 옮겨 쌓는 삶
허물을 지워나가는 고깔을 쓰고
꽃잎은 춤춘다.

우리도 봄이 되어

흙내음 맡을 수 있다면
흔쾌히 우리도 봄이 되리라
얼었던 대지에 몇 방울의 이슬비
혼곤한 잠을 털어내는 저 봄

촉촉하고 다부지게
만물을 흔드는 이 새벽
따사로운 빛으로 날개를 달고
축복받은 삶으로 돌아서야 할 즈음

새순이나 꽃부리의 향긋함에
나비나 벌레들이 한량없이 춤을 추는
이 계절의 주인이여
너도 나와 더불어 젊게 사는 법을 익혀야지.

잠마다의 꿈

내 잠은 늘 묽고
언제건 밝아 설치기가 예사지만
때마다 어지럽힘으로
얼떨떨해 하기 마련이다

토막난 자락이긴 해도
따로 나를 떼어내어
부끄럼조차 모른 체하라며
흔들어 더욱 떨게 하거나

제 꿈에 제가 놀라는
어리석음과 두려움이라니
그 고통의 안타까움마저
한길 가의 나그네로 몰아붙이니

꿈이여 잠이여
서글픔과 안타까움까지
사슬로 꽁꽁 묶어
나를 더없이 자유롭게 하소서.

환한 얼굴의 조상(彫像)

돌아누워야 한다, 아니
네 안으로 다가가기 위해
다리 꺾고 팔을 당겨야 한다
좀 더 가깝게 서기 위해서
아주 멀게 너를 찾아야 한다

바람의 맨발로 다가가
흙손으로 다듬을망정
오롯한 여자이기 위해선
깡그리 벗어던지고
알몸이 되어야 하거늘

가지런케 젊음 다스려
등불 같은 눈을
앞산의 봄과도 같이 끌어다
숫눈의 자국들 아로새기며
굳건히 바닥을 붙여야 하는 것을

누이와도 같고, 어머니와도 닮은
사랑과 너그러움, 그 홀홀함과 묽음
손녀의 말과 그런 웃음기로
그대 곁에 바짝 붙어서
황톳빛 따사로움을 거두어야 하느니

밝고 환한 세상으로 나서서
나붓나붓 자장가도 불러주고
어떤 물음에도 곧장 답을 들려주는
두려움 없는 친화여 도타움마저
사랑의 몸짓이 되어야 하느니.

자연을 흉내 내며

늘 마음은 막혀 있어
응어릴 풀 수 없게 되면
묘한 기운이라도 붙들어
나를 짝 맞추려 하네

타로의 점괘라도 쥐고
날선 소리의 흉내와 더불어
미래로 달려 나가는 신호에
숲으로 나를 떠밀어 넣고

너무도 하고 싶던 일
이레에 한 번 꼴은
욕심의 깃발 흔들어
접신(接神)의 자리도 만들기는 했으나

나뭇잎소리에 새소리 따위
이슬 굴리는 바람까지 얹어
푸닥거리며 곤충도 부르고
큰 귀에 한껏 주워 담노라면

빗방울로 서걱대는 풀잎소리
나를 중얼대는 그런 짓거리
성장한 몸치장이라도 하는 양
자연의 흉내로 날 흩고 말리니.

새해의 촛불

- 2015년

아침은 밝아서 좋아라
깜깜한 산천을 햇살로 띄우며
얼어붙은 강줄기도 풀어
솟던 해를 바다로 흐르게 하나니

더는 마음 상할 일 없게
해의 등받이에 초 태우고
향 살라 바람 좇듯
밭은 걸음으로 벗은
나무들의 팔이 되게 하나니

새해는 더더욱 밝아서 좋아라
갓밝이의 빛나는 눈동자로
동녘을 붉게 태워
나의 그 길을
아, 새롭게 비춰주다니.

21.

여든의 하루를 사는 법

시인의 말

그럭저럭 적당히 살면서 어물거리는 동안
모든 장소에서 나는 침입자였고, 모든 역에서 나는 늘 이방인으로 아웃사이더의 역할 밖에 하지 못했다

모두가 친절했으며 결코 나를 거부한 적이 없으나
나는 언제고 손님이었기에 그저 떨떠름한 자세로
소통의 불 감정에 시달려 왔다

나의 결핍, 나의 오만
그렇기에 다른 사람에 대한 헌신도 없었으므로 나는 어느 시간이거나
허기져 있고 상처 받아 아파했다

아무튼 나는 늘 강한 압박과 궁핍 속에 있었다
고통은 즐김이 아니었고 그러므로 미덕도 없어 나는 약점투성이일 수밖에 없었다

끝없이 행렬을 이루며 길을 달리는 사람과
그들에 이끌려 함께 뛰는 사물들에
늘 피곤함을 느낀 것은

지루함을 넘어서는 수고로움 때문이고
인식부족으로 길에 속았기 때문이고
반복되는 놀라움으로 힘겨웠기 때문이고
늘 자유롭고 싶었기 때문이다.

2019년 보리누름에
성춘복

발자국

어둠이 가시지 않는
이른 아침 길을 나선다

비어 있어 휑뎅그렁하다 싶게
골목 몇을 젖히다 보면
느닷없는 곳을 가늠해서
세상의 넓이로 그림자를 키우고

어설픈 세상이긴 해도
먹고 마시기에 적당하다는
나름의 맞춤을
자유롭게 채워나간다

그렇다, 그저 그렇고 그런
발자국만 촘촘하게 남길 수 있다면
신새벽의 적막 속이라도

여지없이 자신을 매질하기에
그지없이 만족할 테지만
내 알뜰의 세상살이를
나는
오늘도
부지런히 밟아나간다

후회란 있을 수 없지
어디든 나를 세울 수만 있다면.

뉘신가요

꽃잎이 다 져버린
이 가을날에
별들이 떨어져 내리는구나

그 별들
두 손 모아 받아 안으면
하늘이 온통 내게 안기는 거지

나에게만 떨어지는
별들, 그 별무리들
내 손아귀에 펼치는 하늘이 아닌가

하느님도 기뻐하실지
내가 지금 반기는
그 하느님의 표정

그게 뉘신가
내 손가락에 잔뜩 놓인
귀한 그 보석반지는.

누워서 바라보면

드러누워 올려다보는 비스듬이며
여태도 알지 못할 책 속의
저승이 노상 그러하듯이
오늘의 이승은 무척 다르구나

구름 한 점 없는 청청하늘
언제건 꼼짝하기 싫다는
잎새들만 온전할 수 없다고
가을을 향해 쉼 없이 뛰닫는데

나무여, 바람이여, 이 세상이여
촌스런 그 풍광에 속지를 말고
멈춰버린 시간을 틀어잡아
청승의 내 원이나마 풀어주오

놀이하던 젊음까지 긁어모아
시곗바늘 거꾸로 엮어두듯
부지런의 속도를 얻어서라도
제발 나를 나에게 돌려주오.

다시 이 아침을

새해를 맞는다
뉘엿거림을 돌이킬 수 없으나
우리들의 시간만은 다시 닦을 수 있다

운 좋은 시절의 모험과도 같이
어지러움 벗어나
다시는 그럴 수가 없나니

밝은 새해 보듬고
좋은 세상 이끌어
영민한 나달을 이루어야겠다면

날선 정신을 붙들어
미친 세월의 열병들을
그 버르장머리 멀찍이 내쳐버리고

나들잇길의 설친 잠들과
동댕이쳤던 우리 식솔과 살림들
뉘우쁨의 신새벽을 만들자.

침묵의 시간으로

아주 엄전스레
두루 세상을 돌아보듯
당신 곁으로 다가앉아
뾰족하게 입을 내밀 수밖에

같은 모습의 입술로
거푸 내 위로 당신은 기어올라
탈없이 재미롭다는 낯선 목청으로
입맞춤까지 심호흡을 하게 하고

아주 대견스런 낯빛으로
다시 토라진 눈초리를 만들어
엉거주춤 뒤로 엉덩일 뽑으며
당신의 그 손등을 받치게 하는 것은

이때까지 소유한 적이 없는
내 과거의 모두를
나로 하여 더 분답스럽게
어떻게든 상식이 되게 하는 나의 일상이여.

봄 숨소리

샛바람에 찢긴
영산홍의 상흔인지
봉오리 터지는 꽃소리 붉을 때

화들짝
눈물 글썽이며 엎어져
젖은 목소리로 고함을 쳐대고

생기 오른 이 봄날의
내 숨소리를 거두어
오늘도 나는 불길에 휩싸인다.

당단풍을 보며

불붙은 어스름에
손을 들어 흔들면

다 저문 가을녘이
낙엽으로 새뜻삐뚤

하늘은
붉덩물되어
나로 하여 멱을 감네.

달개비꽃 · 2

무릎 아래 가지런히
토끼풀들 고루 깔고

그 옆댕이의 외눈박이
지그시 눈을 감은 듯

턱을 괴어 세상도 둥근
목멘 소리의 앉은뱅이

다층의 석탑도 기가 차는지
하얀 토끼풀 웃어대는

달개비꽃 옆댕이의
그 건너편 닭의장풀.

헛손질

이러다간 아무래도
굽 높여 발목 다치고
허공에다 몸 내놓아
큰일을 당하고 말 걸

너부죽 잘도 받았으니
속내는 채우지만
체중은 한계를 지나
감당키 어려운 지경

흔들림에 걸음까지 절름대고
헛발질에 몸통까지 뒤틀려
어디든 나뒹굴다보면
같잖은 꼴불견이 되어

헛걸음에 헛손질이여
마음의 추(錘)도 마냥 뒤틀려
미끄럼에 그네까지 덧대면
결단코 나는 살아남지 못할 터.

어머니를 보내며

캄캄한 장막이다
그 어둠 뒤에
어머니는 누워 있다
나는 포장을 들추고 들어가
어머니의 젖가슴을 꼭 만지고 싶다

어머니와의 이별 앞에서
나는 아무것도 할 수가 없다
어머니의 무덤 앞에
내 자리도 얻을 수 있을지
내 아내의 자리까지 얻을 수 있었으면

내일이면 나도
아버지의 오랜 잠을 깨우고
그 곁에 어머니를
그리고 내일 나는
내 무덤 자리를 꼭 보고 와야겠다

아내를 안고 누울 자리
어머니 앞이면 더 좋겠다
어머니를 버리고
나는
나의 갈 곳을 생각한다

나의 삶
나의 시
나의 숨까지 주신 어머니
아주 영이별을 앞에 두고
나는 자꾸 헤맨다.

내 탓으로

손발 다 잘린
늙마의 그 길
거듭 물음 던지건만
오늘은 또 어쩔거냐

눈뜨고 곁눈질도
코 베어가는 세월에
염치없다 소리치면
못된 버릇 아닌거여

잘도 절여 짭조름
몰골에 다 채워도
오로지 그 하나
크게 됨의 쉬움이니

검불소리 귓결에
남의 탓으로 보내고
웃음기로 침을 바르니
어디든 나서지 않으랴

누군들 어찌하랴
나를 위한 방패연은
쉬 띄우지를 못하고
몸만 동동 헛말만 하는구려.

만남이란

그리하여 나는
너를 뚫어지게 바라보는 것으로
참 쉽게도 너를 내가 갖게 되었다

잠시 너에게 던진 시간을
오히려 너를 소유하는 것으로
대부분이 너를 미래로 받은 셈이고

너의 무덤덤함을 자상함으로
나는 너를 분석해 왔고
너의 상처를 껴안게 되었다

통찰력과 빛나는 말솜씨를
나는 나의 그림자로 챙겼으며
혼자 독차지하게 되었고

네 총명의 눈꼬리를
간절한 평화의 원념으로 받아
내 불확실의 굳은 이념으로 챙겼었다

그리하여 나는
늘 같은 방식으로 널 껴안고
이 세상의 길이라며 더불어 가길 원했다.

산목련

산목련 꽃내가 난다
콸콸 흘러내리는
숲 속의 바람을 타고
산목련 꽃내가 난다

꽉꽉 산까마귀
울음소리에 장단 맞춰
노각나무 하얀 꽃내도
덩달아 춤을 춘다.

그런 행운

장마가 닥친 건 아니지만
어쩌다 쏟아진 빗방울에
두 손 모두어 합장한 것은
하늘로 향하는 내 마음이었거니

그저 허리 굽혀 몇 번
누굴 거듭 흉내내어도
내 귀가 큰 탓

애써 인사차림 아니어도
철 들기 전의 이름이거니
딱한 처지 여러 번
몇 차례 다독여주던 일로

게으름의 늦깎이라
무엇이든 해보면 된다는
하늘 같은 인심이었나니

오늘도 널찍한 가랑이에
제 땅 밟듯 달려가서
늦봄의 행운을
한껏 즐길 수 있는 것을.

나를 닮아

우리 집 뒤뜰로 나들이 나온
고양이 한 마리
나를 닮아 다리를 절지만
언제나 낯이 설어
고개를 갸우뚱 흔드는
까만 점박이의
소풍.

올 단풍놀이는

언젠가 보았던
가을꽃들을 추스르며
길을 좁혀 성급히 집으로 들면

정원 그득한 해국이며 쑥부쟁이들
가을바람이 먼저 치고 들어와
정겨움을 더하게 하는데

나름의 달콤하고 맵싸한
그 정취가 여간 아니어서
절로 감탄을 뱉게 된다

이 가을빛은
마음까지 싸잡아
종일 나를 얽어매고 있다.

환호성 드높게

애초엔 모두가
아무런 것도 아닌
안개라고 했지

축축한 안개의
어설픈 걸음이라 해도
몸을 앞으로만 내딛게 한다면

하늘 끝의 한쪽은 기울기 마련
애써 손을 흔들어
누구라도 손끝을 잡아줘어

또 그 물기 묻게 되면
뉘라도 훑게 되어
다들 주먹을 쥐게 되고

한결 같이 환호성 올려
만세삼창 하게 되나니
산턱도 넘고 큰 바다를 보게 될 터

젖어 목을 틔워
이 산의 메아리들
파도 되고 해일 되어 새벽으로 가나니

온 세상을 흔들
기찬 아우성아
세상을 들끓게 하라.

김밥

김밥 한 줄 사다놓고
엎었다 뒤집었다
몇 차례를 반복하다가

거푸 창 너머의 뜰도 보다가
다시 젓가락을 들고
앞서와 같은 뒤집기를 한다

여러 차례
목으로 넘기기엔 침이 모자란다며
한 번 더 생각을 고치고

또 언제
이런 요기를 할 수 있을까
지난 시간을 따져보지만

목엔 침이 마르고
콧소리만 연신 뱉으며
배부른 소리만 삼키게 된다.

하루를 사는 법

갑갑하기 이를 데 없는
새벽에 혼자 일어나
버릇의 앉은뱅이가 된다

대책없는 방황의 꿈으로
지난밤에는 내 여행의 끝을 이어
그래선 안된다고 고집을 한다

어느 중간역쯤 잠시
멈춰 서는 간이역이라도 있으면
내가 나를 놓칠까 두려워하며

또 더러는 나를 거부하며
무슨 운에라도 가닿을 것 같은
애매한 기대로 그 하루를 살고

어디 괜찮은 나절과 저녁에
가슴 벅찬 노을은 없을지
그런 조우를 나는 하루에 잇댄다.

우리도 처음엔

안개였었지
제법 축축한 어둠의
발자국 같은 횃불을 찾아
저 세상의 뒤꿈치를 붙들곤 했었지

그렇지
안개의 발자국을 쫓아
하늘 끝이라도 붙들 듯
우린 손을 마구 흔들어댔지

흠뻑 젖어서
끝내는 물귀신이 되고 말아도
늘 산턱의 그 어디쯤서
마른 강의 거품을 얻은 듯

그래, 손아귀를 들감아쥐고
우린 울음의 뒤풀이마냥
내동댕이치듯 따라붙어서
뜀박질만 했었지.

어쩌면 좋으냐

늘 쉴만한 곳이라고
거듭 말하고는 있지만
떨어지지 않는 발걸음
저 무념무상의
아니지, 다들 초월해야 한다고
굳이 고집만 부리는

내 굳은 허리의 띠를 당기며
고목나무 밑동에다 몸을 붙이고
고집만 부리다가 울음을 쏟고 마는
내 일상의 추태를 어쩌면 좋으냐.

산수유

담장 아래 산수유
노란 꽃망울 터뜨리자
질세라 영춘화도 더 짙게
꽃망울을 울리니

얼마만인가
긴 가뭄 곁으로
비바람소리 요란하니
등 시린 바람뿐이던가.

당신께

눈이 부시도록
넓은 어깨를 펴고
두 손 높이 들어
환호성으로 다가오는
오늘의 당신께
고맙고 또 안타깝다는
답만 하네.

우리말의 시법(詩法)

어제와 그제
그보다야 좀 더 멀찍이
그저께도 지나 그끄저께
예사롭게도 다시 한두 해쯤 건너
아예 멀찌가니 그러께쯤일까

말더듬이보다 느리긴 하지만
아무도 탓하지 않도록
세상의 평온을 위한 수업으로
어림짐작까지 가능하도록
식성 좋게 받아주었거늘

아주 다부지며, 그렇지
내 시법은 어느 누구도 엿볼 수 없게
짐작의 아득한 벽을 쌓아 아스라이
그것도 가마아득 다가들 세상 펴는 일로
날 이끌어 오고 있거늘….

유월의 그날

더없는 생기의 되돌림으로
풀꽃들마저 깡그리 자지러져
유월은 우리 곁으로 다가왔다

한밭의 한 동산에서 시인 보들레르의
'자연은 살아있는 기둥으로 세워진
하나의 사원'으로 우리들 마음까지 쉬게 하나

이성(異性)과 시상(詩想)의 뒤섞음으로
작지만 엄청난 초록깃발의 그 뿌리를
귀담아 듣게 또 채근도 했고

꿈으로 갈구던 삶의 볼모며
생태와 환경을 환상으로 뒤집어
그 죄를 초록으로 다 씻어낼 수 있으리니

세상의 가장 높은 지붕에 올라
단순한데로부터 신묘한 구석까지
초록의 아름다움을 얻게 하소서.

달팽이의 꿈

저 건너편
그 어디에 혼자 붙어서
언제나 내 세계를 맞이한다

몇 번을 말해도 똑같은
단 한 사람으로 앉아
나는 제 그림자를 털며

내가 아는 것 모두
얘기로 들려줄 수도 있고
또 내 상상력에 스스로 공감하며

제 존재를 열심히 설득하다가
제 입김에 절로 녹아서
지상의 낙원을 설계하기도 한다

하루살이로 일어나 나방으로 춤추다
잠자리의 날개로 참새도 되었다가
어둠에 길들면 달팽이로 꿈에 젖고 만다.

풍경

풍경이 운다
여든의 긴 나들이를
쉴 짬도 없이
흔들어 젖힌다

애써 누가
잡아당기지도 않는데
촐랑대는 울음소리만
거푸 쏟아낸다.

누가 알기나 하랴

길을 따르라고 했던가
잘도 버리던 그 길
헤매지 않기 위해 달려가서는
더 잘 부서지기도 어려운
끊긴 길에 감동하며 자지러진다

흙탕길의 자국은
간혹 행적의 끝에 없는
나의 새 삶이었고
내 행방은 생존의 참 모습이었으며

가슴은 분명한 빛깔이었고
자태였던 선택의 용기는
늘 미션으로 살아
분명하기 그지없었으나

누가 알기나 했으랴
바깥세상은 즐거운 놀이였으며
거북 등에 오른 놀음이란 것을.

북해도에서

냇가로 다가서면
엊그제 내린 비의
물소리를 듣고도
얼마큼 낮아졌는지를 알게 된다

잠자코 내리던
그 물줄기가 콧소릴 낼 때는
천방지축 쏟아붙던
검은 구름 누이의 화풀이었고

몇 발짝 더 내려가
귀를 기울여야 할 즈음은
한 고비 뙤약을 뒤집어쓴
그 뒤의 졸음 같은 여운으로

얼마를 더 기다리다 보면
다 저문 하늘의
허기진 구름을 탓할
쉰 울음이어서.

누워 있는 길

여든 해가 넘도록
아침마다 새 길을 열며
나의 하루가 일찍 펼쳐지기를 바랐고

얕게 펼쳐 놓은 길 위에서
외계인으로 또는 저승사람으로
익숙한 사물을 동댕이치면서

거기 몇 뼘의 낯선 길이
다가서면 밀어버리고 금방 다시 나서는
내 다리 사이의 허우적거림

조급하기 이를 데 없는 아침으로
늘 오솔길은 열렸고
나는 어림짐작의 손등을 끌며

그렇듯 길은 나와는 어긋나게
비스듬히 드러누워 오늘도
내 배를 지그시 누르고 있다.

감기 · 3

온 밤을
식은땀으로 내리던 비는
이제
내 체온의 한계를 넘어
머리끝에서 그네를 타듯
출렁출렁 나부끼더니
눈시울에 다다라선 묽게
붉은 피로
파도타기에 여념이 없다
코에서 눈으로
눈에서 머리의 뒷골을 돌아
온몸을 쑤셔대더니
숫제 체면 따위는 아랑곳없이
난장판을 일삼아
아, 별수 없이 나로
상투를 풀고 맨몸으로
거리로 나서게 하네.

두리번거림

지표는 늘 뾰족탑이다
교회도 그러하고 고층건물의 안테나
혹은 당황해 어제를 찾던 목표가
세상으로 트인 유리문이 되고 마는 것을

대칭을 이루는
두 변의 통일성 앞에서
가끔은 제 행방까지 섞어
엉뚱한 여행을 즐기기도 하지만

한 가지만의 생각이란
자신을 혼동케 하는 첨탑바라기로
늘 어깨너머의 두리번거림에 발려
아주 느슨한 두리번거림에 지나지 않는다.

거꾸로 보기

옷을 털어 보이고
가던 길을 뒤돌아보면
언제나 제 집 앞 길이었음을
늦게나마 깨닫게 된다

모든 생각을 해방시켜
없었던 일도 찾아보면
높은 곳에 오른 듯
사물은 늘 제 모습으로 도드라지고.

할미새

할미새가 왔다 가며
몇 번 고개를 흔들어대다가
겨울나무는 죄 눈을 뜨게 한다

가슴엔 검정과 흰색의 턱받이
심한 내외를 한 듯 눈치를 살피더니
아주 먼 데로 밀쳐둔 다음

아직도 봄이 멀었는지
흙발까지 털고
한참 고개를 흔들어대다가

얼어붙은 이랑 사이로
아지랑이를 뽑아들며
내 앞에 큰 길을 빛나게 한다.

내비게이션 · 1

올가미 같은 길을 돌아나오며
다시 그물망에 걸렸는지
우린 거대한 네트워크에 갇히기 마련이다

걸어다니는 사람 모양의 내 운전법도
출렁거리는 다리를 빨리 건너야 할 때처럼
질주의 본능을 구사해야 하고

목표 중심주의의 내 시야는
내 길을 무작정 장애로 간략화시키듯
생략할수록 좋은 것으로 고쳐놓는다

앞 유리창을 비집고 들어오는
풍광이나 역사적 권위 따위
깡그리 맹목의 덧창으로 밀어붙이고

오로지 집중만 허용되는
길벗의 오묘함에 목줄을 건네며
내력도 생리도 없는 초점이 되게 한다.

내비게이션 · 2

목적지만 입력하면 만사형통의
내 길은 어느새 주인이 바뀌어
일찌감치 운전대조차 빼앗아
내 여로의 곡선미를 곧게 만들어놓는다

기분 좋은 날씨도 청청한 가로수로
불확실성의 묘한 색깔도 지움으로써
즐김이며 위험이며 다 눈감아 버리게 하고
직진의 팽창력에 모두 흡수되게 한다

엊그제 놓였던 새 길의 미숙함
놓인 길의 역사도 좌표로 살게 하고
골목과 마을의 근사치만 잇대어
내 시야의 대처능력을 당부한다.

내비게이션 · 3

갸우뚱거리던 내 길의 습성은
순발력도 다 지워버리고
곧은길의 정확성만 고집한다

짐작의 동물적 감성인 내 눈의
어림은 완전히 버려야 한다며
탐색의 피부감조차 꽉 막아버리고

환경과도 어우러지지 못하게
소통 발달의 감성을 틀어막아
경험적 본능도 둔탁하게 한다.

꿈

지난밤에도 꿈이었다
깨어나면 곧 머리를 털고
다시 눈을 감으면 몇 번이고 그 꿈
번번이 잠 안에서 나는 숨을 헐떡였다

간절히 두 손 모아
내 것이 아니기를 빌며
지나친 과장이라고 머리 젓기도 해
늘 자신을 타일렀다

나의 탄식은 아니라고
그리고 개탄해 마지않기로
내가 사는 세상은 그렇지 않다고
있을 수 없는 소망이라 끌어다 놓았다

간혹 필사적인 저항과 더러는 노력으로
식은땀 훔치지만
눈을 뜨면 숨소리가 그 앞에 놓이니
답답의 내 현실은 늘 밀착해 들곤 했다.

차례를 기다리며

줄지어 서 있다가
번호표를 받아들고
눈까지 단련하게 밝히면
몸도 절로 꼿꼿하게 일으켜 세워진다

귀는 당나귀의 그것이 되고
무엇을 기다리는지 잘 몰라도
그렇듯 열중하다보면 자연스레
또렷한 것이 떠올라 올 듯

얼마 안 있어 지루함은 다가들고
철조망의 밤송이가 돋아나서
내가 손잡아야 할 지점으로
더 날카로운 빛을 더해가는데

마음은 조급해지고
기다림은 나를 무너뜨려
거울 앞에 세워 놓은 듯
한눈팔다 자신을 무너뜨리고 만다.

방황의 시작

꿈 안에서 길을 잃듯이
새벽이면 늘 길을 놓치고
나는 어둠 속에 일어나 혼자 살핀다

깜깜한 세계에서 눈을 뜨면
나는 변덕스럽게 되어
언제나 버렸던 그 길을 찾아 안는다

다시 이어질지는 잘 모르지만
불안에 허덕이는 내 가엾음의
길을 놓친 듯 허둥대기 일쑤였고

긴 휴가의 끝자락에
긴장을 놓치고 허망해 하는
내 자유에 또 겁을 먹고는

당황해 허우적이는 어둠 속을
낮과 같은 지도 위에 동댕이치고
다시 나는 다른 방황을 시작한다.

다시 나를 탓하며

무어든 포기하고 살아야
속이 편해진다고 하여
끝내 욕심으로 탓했으나
선택과 갈망은 회유와 강제에 끌려
등을 맞대며 예까지 왔고
드센 회오리나 물너울 같은 쓰나미에
하늘나라와 잇대기나 한 양
언저리에 살아남는 법을 가르치는 모양새여서
난들 어찌하겠는가.

연둣빛 소묘

화살나무처럼 제각각인
향방을 모두 쫓다보면
나도 쉽게 연둣빛이 된다

그저 지나치는 걸음이었는데
무거움 다 내려놓은 듯
모두 홀가분한 날개를 달고

나는 연둣빛과 한 통속이 되어
차츰 무너져 내리다가
이 세상에서 사라져 가리라

넘어선 안 될 경계로
봄빛다운 선을 그으면서
스스로를 밝히는 무게로 살아가노라면

언제건 그 길은 유혹이 되어
곁가지가 붙은 이 세상의
욕망으로 날개를 달리라.

길의 온도

앞으로 나가든 옆으로 꺾여가든
우리가 살아내는 일은
누군가를 옆자리에 태우고
쉼 없이 달리는 일이다

그 짓거리가 사랑의 여정이라 해도
전혀 짐작조차 하지 못할 날씨라면
느닷없는 갈림에 부닥쳐
멀찌가니 주저함을 갖기도 한다

핸들은 오직 하나
누군가 그걸 붙들고 있어서
결단코 사양할 사람은 없을 터
그러나 더러 입씨름은 할 법도 한데

시야의 밝기와 차내의 온도 따위
음악의 종류며 소리의 크기
간섭을 받아 간혹 나비눈도 하고
세상사에 얽혀 시들해지기도 한다.

낯선 여행

낯선 길에 들면
곧잘 우리는 찾는다

내가 나와 다른 게 무언지
어째서 저들이 나와 알게 되었는지

무엇이 달라 우리가 되고
무엇이 같아 우리가 되는지
우리를 찾아 우리의 의미를 북돋운다

내 나침반의 떨리는 바늘 끝은
늘 한 방향이어야 했고
추워서 입술놀림으로 쏟아내어

부끄러움만 우릴 춤추게 한다
다 삭아버린 낡은 배의
소리가 그림자만 되어야 하고

흐르는 강줄기가
동해의 수심으로
혹은 끝내 표류하는 사람이 되고

애써 고집을 부리며
끝내 그렇다 소리를 친다.

길의 끝에서

1.

봄은
봄이면 그리도 정확히
그 빛으로 살아난다

숨소리 하나 없이
봄은 되돌아와서
묵은 옷을 털고 새옷이 되고

팥죽처럼 잘 달구어져
늘어져 누웠던 여름의
그 화려함을 기억해 내어

봄은
무슨 손뼉 같은 재촉으로
일어나 날개를 펴든다.

2.

나는
나처럼 날개 돋친 듯
이 산 저 산 할 것 없이

아롱아롱
아지랑이로 일어나

이 꽃 저 꽃으로 날아오른다

어쩌다
혹 날씨라도 흐릴 지경이면
금세 무릎을 꿇을 듯하지만

더러는
어설픈 눈을 닦고
어둠을 들이키는 노래한다.

3.

그토록 긴 날의
눈이 멀었던 때
겨울의 어둠 사이를 돌이켜 보다가

평평한 땅
그로부터 몸을 일으켜
높은 키의 나무도 흉내내지만

대개는
길가로 나가 앉아
눈이 먼 우리를 비운다

끝도 없이 늘어선
숨어 있는 길의 흔적으로
넋 잃은 관객으로 우릴 불러들인다.

불확실의 길

불확실한 삶이기에 늘 나를
길로 나서게 한다
집중이고 몰입인 내 여로는
나의 발견이 된다

늘 불확실한 길이기에
새 삶이 행복이라 믿고
언제나 드넓게 높게 멀리 달리게 한다

내 눈길이 생존이고 성장이기에
위협으로부터 탈출
그래서 생존을 실감한다

내 스스로의 진화인
욕망의 등불을 들면
나는 나를 비켜서게 하고

그래서 내 안전을
삶의 벌칙으로 하여
나를 나와 같게 마련한다.

시간여행

유럽으로 갈까냐
아프리카로 갈까냐

아니, 아니지
과거로의 향방이냐
미래로의 달릴까냐

두루마리를 펼쳐드니
옛날 옛적의 내 삶도 시간의
편차로 말아 올려져서
족히 여남은 세기나 된 것 같지만
빠르고 잽싸게 달려갈 수 있겠구나

꿈을 감아올릴 수 있는
내 재주는 제법 급수도 높아
몇몇 급의 세기를 겨누며

적어도 열 손가락으로 꼽을 정도의 날개로
꿈마저 다 감아들일 수 있구나

꿈은 결단코 기적은 아니고
비단 조각에 덧댄 장막은 더욱 아니고

너끈히 그리고 찬찬히
살필 수 있는 드넓은 창틀의
전망이 혹은 현실이구나

꿈의 기적과도 같은 여정을
과거로 잘도 꺾꽂이하여
미래를 너끈히 현실화시키는데

기적과도 같은 창으로
아니지, 그 반대 켠의
전망이 되게 하는구나.

길은 질문인가

'다시'란 말이 우리에게 있듯이
길은 이어지고 또 태어나는 법
끝내 욕망의 넝쿨이 되네

몇 며칠 길을 이어가다 보면
늘 의문스런 질문이 되어
길은 평행에서 멀게 만들어 놓고만다

설령 지나치는 걸음이어서도
마음을 실으면 도타와지는 법
반드시 길은 손을 놓게 마련인데

넘어선 안될 것이라도 된 양
길게 그어 늘여놓기만 하면
기다리는 마음이 되어 자국을 남긴다.

지난여름

지난여름은
유난스런 비에 돌틈마저 커들어져
변화 많은 나날로 보냈었지
같은 날씨가 단 한 번도 없었으니
무더위는 말할 나위도 없지 않은가

으스스함은 또 무엇이며
선택 아닌 필수의
그 고달픔
그저 슬프게 한 것도 사실이고
익숙하지 않은 체험의 짜증일 뿐인 걸.

망 상

밤이면 늘 혼자라는 생각으로
어둠을 붙안고 잠에 들지만
한낮의 거리에서도 늘 나는 혼자다

밤톨처럼 혼자 뒹굴다가
엉금엉금 기어가는 내 몰골과
더러는 절름발이로 길을 헤매는
다른 나의 등장으로 다니거나

몇 시간씩 걸어야 하는
하릴없는 내 하루를 곱씹으며
시간은 주체할 수 없는 내 등짐으로
곱치고 가면서 열 손가락을 폈다 오므리곤 한다

시간의 주인도 손님도 아닌
민들레 홑씨처럼 흩날리다가
겨울 찬바람의 홑소리로 담장을 돌아
자신을 숨기기도 하지만

바람이 비운 자리를 찾아가
좀은 뻔뻔스레 엎어지기도 하고
가쁜 숨을 몰아쉬며
늘 나는 새로워야 한다고 고집을 하지

혹 자리를 펴서 눕기는 해도
반은 가위에 눌려 악령들과 손 나누고
식은땀 흘리면서 재앙이라도 탄 듯
누추하고 지긋한 밤의 망상을 뒤지기 예사지.

갑오(甲午)의 종소리

정확히 여든의 문짝 열리고
난감하게도 활짝 펼쳐져서
늦어도 바쁜 걸음이어야 하는
저승이 코앞에 다가든다

그러나 니네들 그거 알랑가 몰라
밀양이며 양산, 울산 그리고 삼천포
거제며 창원, 김해 등
골짝도 먼 뭍과 그 물 건너

우리 마음의 고향을 쌓아 나가다가
이젠 땡! 땡! 땡! 서른세 번의 종소리
가슴앓이 셈법으로 여든 살 성(城) 쌓고
굳은살 옹이로 가슴을 치거늘

그 답답증에 눈은 침침하고
그 먹먹함에 귀는 막히고
팔다리 허리까지 시큰새큰
어떤 건지 니네들 알랑가 몰라

낡은 년(年)을 보내고 나면
종로 보신각에서 콧방귀 뀌는 소리
아, 새년(年)맞이도 소망이 아니니
니네들 이 깜깜을 정말 알랑가 몰라.

어느 날의 반성

더없는 넓은 하늘로 둥둥 떠올라
한없는 시야도 넓히며
내가 서 있는 이곳의 자비로움도 감사해야지

아니, 그 땅의 한량없는 너비와
깊이를 알 수 없는 바다의 은혜를
가늠 못하는 내 어리석음을 뉘우쳐보리

짐작도 안 되는 존재의 어설픔을
이래도 되는지 신세타령을 하면서
내 것이 전혀 없는 가난에 감탄도 해야지

지금은 아무래도 잘 알 수 없으나
어디쯤 와서 어디로 향하는지
실낱같은 지난날들을 팽팽하게 붙들고

아무 일도 아닌 듯
어리석음 반성해 보아야지
꼭 손 붙들고 뉘우쳐 보아야지.

방 황

틀림없이 그러했지
하릴없이 떠돌다가 문득
마셔야 할 이유도 없는데
찻집에 들러 커피를 주문했지
딱 한 모금 들이키고는
왠지 모를 거부감에 잔을 놓고
물러 나왔지

그끄저께도 그랬었지
아무런 일도 하기 싫었으나
몸을 일으켰기에 젓가락 손에 든 채
온 동네를 뒤질 듯이 휘돌다가
녹초가 되도록 찻집을 다니며
집으로 돌쳐 들어와서는
고스란의 그 모습 그대로
드러누워 버렸지

바로 그저께도 그러했지
예고 없는 비에 몸 털고 나와서
밖으로 비 맞으며 몇 발자국
남의 집 처마 밑에 붙어 섰다가
하늘만 정신 놓고 올려다보며
버린 우산이나 하나 주웠으면 하고
반나절을 보냈었지

그렇게 보내면 다시 하루
무슨 일이라도 일기나 할 양
길을 나서며 별의별 궁리를
자신의 몫으로 챙기듯 하루를 보내고
또 그 다음날도 그래야 할 듯
전동차나 마을버스를 타고
그 다음날이 남기나 한 것처럼
뜸을 들이는 내 방황의 두서없는 하루.

두 그루 나무 말

자고나면 나는 늘
창문부터 열어젖히는 버릇으로
여태도 변하는 법이 없다

봄이든 가을이든 창 안에서 말 없이
나를 바라다보는 두 그루 나무
늘 그 자리에 서서 두 팔을 흔든다

한 그루는 흰 꽃의 목련나무
오른켠은 푸른 단풍나무
늘 두 팔 들어 아침인사를 건넨다

봄날엔 푸른 그늘의 하얀 꽃 손
가을에는 붉은 단풍의 예쁜 붉은 손
해를 따라와 아침인사를 보낸다

그럭저럭 오랜 세월에도
두 나무는 늙는 티도 내지 않고
그 아침에 그 말만 되풀이한다

"안녕하시죠."
"오늘도 여전하시네."
항상 같은 말만 해도 싫지는 않다

더러 옹알이하듯 해도
나는 늘 같은 답이려니
'봄입니다. 가을입니다'로 되받는다

오늘 아침엔 창을 열지 못했는데
나를 들여다보며 측은해 한다
'창틀에 갇힌 내가 불쌍하다'고.

그렇게 그렇게

늘 고백의 울타리에 싸여
가누기 힘든 괴질과
지독한 편애로 몸을 감싸며
나는 빠져나올 수 없는
내 욕망의 샘에 두레박 드리우고
아주 열심히 그리고 지극하게도
나를 들여다볼 수밖에 없다

나만의 안식처라 이름을 붙인
문짝을 붙들고 늘어지듯
열심히 스스로의 인연에 덧대어
실오라기 한 가닥으로 육신을 가리고
내 연골의 시간을 탓해가며
자폐증에 몸 뒤채는 그런 날의
자신을 소진하는 재미로 그렇게 산다.

고요 속의 시인

- 황금찬 선생님

사람들이 다 지나간
일주문(一柱門)은 비워놓고
거기 그쯤
꽂아둔 당신의 지팡이

한나절만 우러러도
넉넉한 모습 같은데
평생을 쉬지 않고 여태
그냥 그대로 웃음이네요

구름만 흘러가도
당신께선 하늘길
그 흔적마저 건네주시며
종일 빈 손으로 계시더니

당신의 해바라기는 어찌
아흔아홉 해를 그리 쉽게 넘겨
이젠 삼백예순날
거듭 움켜쥐시네요

아, 그 긴 고적감
몇 겁의 세월을 품고
우리들의 바닷길마저 거뜬히

품위롭게 잡아주시니

이제 그 뜰 안 가득
가을을 챙겨
그 꽃, 그 씨앗 깡그리
또 간곡하게 알게 해주심

우리 두 손 받들어
생명의 고귀함이며
깨우침마저 당신 곁으로
바짝 다가서려 하오니

선생님
몇 번을 거듭 잡아도
간절히 바라옵기에
맞받게 해주시고

또 아주 깔끔히
보태시어 다듬고
마냥 옆자리에
서 있게 해주셔요.

어림짐작으로

내게도 슬픈 사연은 있다
찬찬히 제 속을 뒤지다 보면
정적과 같은 게 거기 있어
늘 내가 닮고자 했던 바

입술 다물기의 묘약도 있는 것 같다
길을 가다가
낯선 이에게 하릴없는 질문을 던지거나
새가 훌쩍 날아간 하늘 길의 끝으로

상관없는 팔자의 의문문을
나누어 가지자는 뜻의 표현이 아니던가
더러는 아무에게나 자주 손 내밀어
내 신비의 마수를 부채질하다니.

진을주 형에게

우리 모두가
한결같이 파아랗던
그 시절의 한 자리에

긴 목 뽑아들고
가느다란 손가락으로
낚아 올리던 글자들

당신은 여태도
거기 그대로
마냥인 듯 서 계시건만

우리는 아직도
흙먼지의 땅끝만 붙잡고
당신을 그리워하네요

조바심은 여태
발만 동동거렸지
한 발짝도 더 내딛지 못하는데

또 다른 세상의 너비를
우리 어찌
다 훑으려고 하는지

형
잘도 노 저어 가서
먼 세상으로 훌쩍 가버렸네요.

천상병처럼

질서 잡힌 이웃과도 같이
절뚝이며 허우적대며
반듯하게 구획을 그어가며
한 번도 닦지 못한 신발을 얻어신고
눌러 쓴 모자 밑의 눈꼬리로
옳게 이승을 견뎌낼 사람은 없다

줄을 잘 세운 그날의 행운과도 같이
우리들의 관계는 늘 어렵고
그렇다고 두부모 자르듯 할 수는 없어
통행금지의 푯말 앞에 서는 함께 눈을 감고
더러 질서와 순서를 강조해 보듯
밤낮을 뒤섞어 세상을 세웠거니

해바라기의 시간 속에 여념을 치우며
눈코를 그늘과 어둔 밤에 쫓고
허리띠를 풀어보이는 여유도
요기와는 아주 상관이 없어
실눈 뜨기와 헛기침의 몰골이 된 그날
그 시의 행적을 만든 게 분명하다

제 때에 요기라도 하면
혜화동이나 명륜 따위의
그 먼 거리도 한나절로 충분하고
뚫린 길을 비스듬 헤엄쳐가는
동과 서, 남과 북, 그 어디든
곁눈질로 이어내릴 법도 하지.

노란 목련꽃 꿈

지난밤에는
그 나무 때문에서 온 밤을 설쳤다

오랜만에 황순원 선생을 뵈러
지지난 날 양평땅엘 갔는데
노란 목련꽃만 보고 그냥 나는 돌아왔다

어제는 또 답사차
낯선 외국인이 이 땅에 심어놓은
천리포의 수목원에서 그 나무를 만났다

느닷없게도 내 잠 속에
그 노란 목련꽃이 따라 들어와
내 잠을 흩트려 놓았다

목소리 드높게 나를 불러대며
온밤을 뜬눈으로 새우게 해놓고
침상 밖으로 날 떠밀어 무척 두렵게 했다

나는 지금도 느낀다
펑펑 열을 내뿜으며
더 짙게 노란 물이 들어가는 나무를.

같이 또는 따로

그럭저럭 살아오면서
누구와 더불어 또는 누구와는 달리
어깨걸이도 하고 손도 털어 보이고
살아온 내력의 흔적을 보이듯
아니 너무도 어설픈 버르장이의 내 태도에
친구들은 아직도 잘 모르겠다며
고개를 젓고 넋두리를 해댄다

늘 나는 난감한 표정이고
또 한 조각의 퍼즐을 어떻게 놓쳤는지 몰라
펑펑 욕지기를 쏟아놓다가
너놈들을 탓하는 나무람을 하다가
이제는 지쳐서 손을 놓아야겠다며
한도 없는 푸념으로 나무라기만 할 뿐

그러다 영 수가 틀리면
스스로를 한탄하고 탓하기도 하며

어물쩡 적당히 넘기며 살자고
절름발이 같은 짓거리로
한껏 동정심을 뿌리고 다니며
못쓰게 된 허물을 뱉아낸다

너무 가까워 때로는 가까이
너무도 아득하여 때로는 멀찍이
사람과 사람의 관계는 이래야 한다며
두려움 반에 불안을 섞어
몇 천리 멀리, 같이 또는 따로
너희들과 나를 갈라놓는다

세상의 출발점이듯
나는 언제고 두려움이었고
사그라질까 겁에 질렸었다

나를 설레게 하는 것은
헤매는 즐거움에다 두려움을 섞어
금세 스스로를 설렘에 빠지게 하는 일.

시든 꽃을 내다버리며

시든 꽃과 더불어
며칠을 거듭 생각하며
얼른 내다버려야 한다고
그렇게 해야 옳은 일이라고
거듭 다짐도 하고 자신을 재촉했는데

허기진 몸을 내팽개치듯
뿌리에서 떠난 꽃의 목숨은
이미 허기진 내 마음과 같아
내쳐야 한다고 굳게 마음은 먹고도
얼른 실행하지 못하고 어정쩡했는데

다시 싱싱한 잎이라도 보아
내 곁에 그대로 두어야 한다는
억척같은 그 고집 때문에
물 한 번 제대로 갈아주지 않고
이틀이 지나고 사흘이 되어
이제야 서글픔이 앞을 가리는데

서글픔이 무엇인지 모르는
눈물 같은 손뿌림만 거듭하다가
울어봐야 별 소용도 없다는
쓸데없는 동정까지 보태어
다 썩은 시선을 멀찌감치 들고
아주 아득히 내치는 이 서글픔이라니!

남해 그리기

부지런히 꿈자리를 털며
물감들 한껏 쏟아 놓으면
몇몇 섬들이 엮어가는
남해 바다도 볼 수가 있다

설령 아직은 좀 비리어도
잘 손 닦고 코 끝에 놓아보면
훨훨 날아갈 것만 같은
참으로 잔잔한 남녘 바다가 다가온다

아직은 잠에서 완연히 벗어나지 못했으나
팔다리 모두 접어서
내 속에 꼭꼭 묻게 되면
잔잔하기 이를 데 없는 고향 땅

나는 쉬 그 물소릴 받아
어느 언덕배기에 갖다 놓아도
바다 울타리는 스스럼없어
늘 푸름이 목덜미에서 찰랑댄다.

길 · 2

그 어디쯤
적당한 거리를 두고
낯선 사람이 동네를 이루면
더불어 살기 위하여 길을 만들어가리

새로 길을 트고 다시 장만한
그 어디쯤엔 또 궁금증이 일어
희망과 같은 것
이유와 비슷한 것이 트여갔으리

길은 언제건 이유로 이어지고
물음과 대답으로 길들여져
햇살과 그림자를 다듬게 되었으며
다른 동네를 베풀기에 이르렀으니

길은 달리다 막힘에 부딪히면
늘 그렇게 답을 구해서
머뭇거릴 사이도 없이 발을 털고
다른 길을 새로 만들어가리

담쟁이가 벼랑을 타듯
기울어졌다가 쉽게 허리를 펴
길은 곧은 쪽이 낫겠다고
다시 욕심으로 태어나기 마련인 것을

비가 되거나 눈이 쏟아져
우장 하나 걸치지 않고
속도를 내며 말도 없이
내 앞을 지나 길은 달아나고 만다.

기도 · 3

아직도 나는
꿈에 있습니다
벗어날 수 없는
끈에 묶여
두 손 붙잡고
기도하는 사람의 모습으로
하늘만 올려다봅니다

하늘은 언제나
그럴 수밖에 없다는
아주 태연한 자세로
나를 두고 보지만
언젠가는 나를 뿌리치며
큰 우레로
나를 내칠 듯합니다

아직 나는
손바닥을 부비고 있지만
곧잘 외치기도 합니다
나를 위해
작은 시간이라도 마련해
등이라도 기꺼이
토닥여 주기를 바랍니다

간절함은 늘
목구멍을 치고 오르고
소리내어 외칠 수도 없는
내 속 깊은 간직함만 탓할 뿐
끝내 나는 나를 깨웁니다.

나를 불러 앉히는 일

자작나무
그 너머로 바라보이는
먼 산을 겨누면서
밤새 달려온 어제의
그 길을 되짚어 펴보고
더러 봄맞이 나온
영춘화를 바라보며
내 걸음 앞의 햇살을
다부지게 나무라듯

나는 오늘도
뒷짐을 지고
이승을 다 산 다음의
나를 불러 앉히는 일에 열중이다.

올 한 해

산 저편으로는
먹구름이 드리워져
눈보라의 세상에 다름 아니지만

그 너머로는
훤한 내일이 있어
따사롭게 우리가 지낼 길 펼쳐지겠거늘

낯이 설어
더한 삶의 세상에
야무진 해가 떠오르면

그 한 해
가벼운 걸음 띄워
천지가 건너뛰도록 축복주소서.

가을아침

애태우며 물들어가는
가을 아침의 침엽수들

살포시 눈까풀을 털며
기지개로 숨소리를 고르듯
어깨를 들척인다

어둠 사이로
몰래 밤비를 뿌렸는지
축축한 지상의 생명들

노오랗게 노랗게
긴 숨을 쏟아내며
기지개를 편다.

내 시의 나무

나는 오늘도 길을 찾는다

내가 걷는 길에서 바라보는
내 눈길의 끝
특이한 내 후각도 따라나선다
잠재의식의 특이한 밑그림까지
나는 냄새를 맡는다

나는 지금도 길을 걷는다
아무것도 보이지 않는
황량한 들판의 저 끝에서
모든 것을 바라보는 시각
인간이 지은 다양한 집들의 내면을
나는 본다

내가 길을 따라가면
그 길의 끝 어느 빵집에서

풍겨오는 달짝지근한 냄새를 맡으며
유년기의 나를 들추어낸다

나는 또 길을 걷는다
작은 상점의 한 가판대의
과일의 향내에 취해
길을 잠시 멈춰선다

내가 멈춘 그 자리에
온갖 나무가 자라나고
분명히 어린 내 머릿속엔 나를 뚫고
푸른 잎을 쏟구쳐내는 것을 본다

나는 길을 걷는다
내 시와도 같은 진실
곳곳으로 가지를 펴서
내 기억의 세계를 보임으로써
나는 더없는 행복을 맛본다.

상남 선생님과의 인연설화적 감상문
- 시집 『여든의 하루를 사는 법』에 부쳐

박 종 철 (시인)

1.

톨스토이 인생론이 폭넓게 공감대를 형성하는 이유는 "그가 소설들을 통해 인생에서 정말로 중요한 것은 의미 있는 인간관계를 맺고 나를 걱정해주는 사람들을 주변에 두는 것임을 알려준데 있다."고 네덜란드 출신 경영사상가인 맨프레드 케츠 드 브리스가 『삶의 진정성』이라는 저서에서 알려준다.

나를 문단에 발붙이게 해서 늘 걱정해 주는 분이 상남 성춘복 선생님임을 생각할 때 톨스토이의 이 인생론은 나에게 매우 의미 있는 말씀으로 다가온다. 나는 선생님과 인연이 닿은 이후 내내 은덕만을 입고 보살핌을 받아왔기 때문에 그만큼 걱정을 끼쳐 드린 것이 아닐까 하는 생각을 하지 않을 수가 없다.

이번에 상재하시는 시집 『여든의 하루를 사는 법』에 실린 시들은 표제가 밝히고 있는 그대로 여든을 넘어선 시점, 곧 인생의 완숙기에 접어들어 영감을 받아 창작한 작품들이기 때문에 순진성의 기조에 관조적 참회의 마음이 애틋한 정감으로 흐르고 있음을 느낄 수 있다.

고희에 펴낸 제15시집 『그림자놀이』의 서문에는 이런 구절이 보인다. "폴 비릴리오의 '어린 아이의 세계로 회기하려는 성숙한 자만이 들어갈 수 있는 초록 낙원'은, 예수가 그 제자에게 주문한 천국에의 드나듦에 다름 아니듯이 유년기에 흠뻑 놀이에 빠졌던 아름답고 순진했던 시절, 그 느긋한 현실을 나는 시로 엮고 읊어보고자 했다." 그러면서 "침묵은 명상의 오늘 혹은 그 과거까지 대변하는 완벽한 세계라고 내가 이해해온 것도 사실이다."는 표현으로 종심(從心)의 경지를 넘어서는 심경을 술회하고 있다.

나 역시 고희 무렵쯤 '침묵의 미덕'을 생각하면서 잡기장에 적어놓은 어설픈 상념이 발견된다. 바로 이런 것이다. "천진(天眞)이 사람의 본래 자리라는 것을 모르는 사람은 아마도 없을 것이다. 우리는 그 천진에 목숨을 걸고 태어났으며, 살아 있는 동안은 무의식이 몸체를 이루고 있어서 의식하지 못하고 살아가다가, 천진이라는 몸통을 계속 타고 있어야 한다는 걸 알았을 때, 그 천진을 타고 영원으로 사라져간다는 것을 몸으로 깨우칠 수가 있을까?"

어쩌면 나는 상남 선생님의 『그림자놀이』에 드리운 느티나무의 한 작은 가지 끝에 매달려서 간당간당 동행해오지 않았나 하는 생각이 들기도 한다. 그 그림자놀이의 '침묵으로 이해해온 완벽한 세계'와 의문으로 남은 나의 '침묵 속의 본래 자리'에서 무엇인가 의미 있는 인연의 그림자를 감지한다면 그 간당간당한 동행의 흔들림이 '천진한 영원성의 몸놀림'이 아닐까 하는 어설픈 상념에 젖어보기도 한다.

2.

상남 선생님과 나와의 인연에 대해서는 고희 문집 『공책』에 소략(疏略)하게나마 언급해 놓은 바 있다. 더 부연(敷衍)하면 내 자랑 밖에 되지 않을 것이다.

주로 여든 이후에 창작한 작품을 모아 묶어내는 이번 시집에 내가 주제넘게 군말을 덧붙인 이 졸문은 시집 해설은 아닐뿐더러 논평은 더군다나 아니다. 단순한 인연설화적 감상문 정도로 이해한다면 그나마 다행이라 하겠다. 외람된 일일 수밖에 없다.

선생님이 여든 이전에 펴낸 시집이 열일곱 권, 시조집 세 권, 비평집을 포함한 수필집이 아홉 권이라고 나는 알고 있다. 문집에 수록되지 않은 발표문이 수없이 많다. 전집으로 묶어내기 위해 소소리 편집실에서 자료 수집과 정리에 정성을 쏟고 있음을 지켜볼 뿐 방관자로 있을 수밖에 없어서 안타깝다.

"자기 무능함의 자각, 멘토를 찾아내는 힘, 멘토에게 가르쳐줄 마음을 생기게 하는 예의범절, 이 세 가지를 갖추고 있다면 인간은 충분히 성장할 수 있다."고 일본의 비판적 지성을 대표하는 우치다 다쓰루가 「어떤 글이 살아 남는가」에서 의미 있는 발언을 했다.

문인이라면 문학적 성장이 매우 중요하겠지만 그에 앞서 인간적 성장이 더 중요하지 않을까 하는 생각을 한다. 그러나 멘토가 문학과 인간에 두루 길잡이 역할을 한다면 그보다 더 좋을 수는 없을 것이다.

여든을 넘겨 살아오시면서 '의미 있는 인간관계'를 많이 맺어오셨지만 역시 화룡점정은 현재의 내조자를 만나 가화만사성을 이룬 일이 아닐 수 없다.

이번 시집에서 가장 먼저 내 눈에 띈 작품은 「어머니를 보내며」이다. 그 전문을 한 번 보면 이렇다.

> 캄캄한 장막이다
> 그 어둠 뒤에
> 어머니는 누워 있다
> 나는 포장을 들추고 들어가
> 어머니의 젖가슴을 꼭 만지고 싶다
>
> 어머니와의 이별 앞에서
> 나는 아무것도 할 수 없다
> 어머니의 무덤 앞에
> 내 자리도 얻을 수 있을지
> 내 아내의 자리까지 얻을 수 있었으면

내일이면 나도
아버지의 오랜 잠을 깨우고
그 곁에 어머니를
그리고 내일 나는
내 무덤 자리를 꼭 보고 와야겠다

아내를 안고 누울 자리
어머니 앞이면 더 좋겠다
어머니를 버리고
나는
나의 갈 곳을 생각한다

나의 삶
나의 시
나의 숨까지 주신 어머니
아주 영이별을 앞에 두고
나는 자꾸 헤맨다.

-「어머니를 보내며」 전문

선생님의 어머니는 백세를 넘겨 사셨기 때문에 천수를 다하신 분이라고 할 수 있다. 그럼에도 어머니를 영원히 이별하는 순간의 애틋한 감회로 사랑과 그리움의 마음에 천진에 가까운 아쉬움을 담고 있다. 거기에 '아내를 안고 누울 자리/ 어머니 앞이면 좋겠다'는 이 세상과 저 세상을 잇는 가교로서 가장 절실한 소망이 무엇인지를 숨김없이 드러내 놓았다.

그것은 곧 이 시에서 참회적 독백이랄까? 시인 자신이 화자(話者)이면서 동시에 청자(聽者)가 되어 아버지와 어머니, 그리고 나와 아내의 운명을 결속하여 '천국에의 드나듦'으로까지 승화 시키고 있다는 것은 한 편의 서사적 서정의 완결에 이르고 있음을 보여주는 것이 아닐까 하는 생각이다.

3.

이쯤에서 상남 시인의 시세계에 대한 평론에 나타난 시정신의 맥락을 한 번 짚어보는 것도 의의가 있을 것이다.

요점만을 추출해 보면, 이전에 펴낸 시집에서는 제1시집 『오지행』에서 제5시집 『바깥 세상에 띄우나니』까지를 묶어서 살펴본 하현식 시인이 매우 적절한 논평을 하고 있다.

"1960년대의 시대성의 환멸로부터 1970년대의 방황과 갈등으로 얻어낸 '사랑'과 '신앙'의 단계를 거쳐 오면서 성춘복 시학은 '자기 구원'내지 '자기실현'의 형이상학을 장식한다."고 등단 이후 십년간의 시세계를 압축해서 핵심을 짚어낸 표현임을 알 수 있다.

그런가 하면 제7시집 『네가 없는 이 하루는』 해설문에서 박이도 시인은 "죽음에서의 두려움과 외경의 뜻이 상징화 되어 있고, 허무와 절망의 함축성이 진하게 드러난다. 그래서 외로움에서 소외의 감정으로까지 확대되고 그것은 또 하나의 집중적인 관심이 되는 떠돌이, 즉 집시의 풍부한 체험의 에스프리다."라고 중년기의 고뇌와 방황을 떠돌이 의식에 담고 있다고 보았다.

한편 배영애 평론가는 제7시집에서부터 제12시집 『혼자 사는 집』에 이르기까지를 통시적으로 고찰하고 있다. 이 시기는 1988년부터 1998년까지 10년간에 걸쳐 상남 선생님이 문단 수장(문인협회 이사장)에 오르기까지의 문단사에 큰 족적을 남긴 시기이면서 적극적인 작품활동을 펼친 기간이라는 점에서 생애의 전성기라고 해도 무방할 것이다.

그래서 배영애 평론가는 이 시기에 대한 평론에서 '시적 태도의 변이와 시적 양식의 변화' 하는 과정을 면밀하게 분석하고 종합해 '성춘복 시인의 시세계'를 이해하는 길잡이가 되고 있다. 몇 가지 주요 내용을 요약해 보면, 60년대와 70년대는 형이상학적 '자기 구원' 내지 '자기실현'을 구가했다면, 80년대와 90년대에 펴낸 시집으로부터는 '시대적 현실에 대한 직시'를 통해 '현실 극복 의지'를 보이는 가운데 '존재에 대한 근원적 물음'으로 확장되어 갔으며, '길 떠남'이라는 자아 발견의 떠돌이

행로에서 '길의 떠남과 새로운 삶의 마주함'이 구체화된 새로운 세계, 즉 '환상과 욕망의 숲에서 벗어나 참다운 세계를 바라보기 위한 시적 노력으로 이어지고 있다고 평가했다.

시적 변모를 보이며 발전하지 못한 시인이라면 좋은 시인이라고 평가받지 못한다는 것은 상식일 것이다. 평론하는 시인들이나 강단의 평론가들이 상남 시인의 시세계를 시대적 삶의 변화를 안고 단계적 상승의 변모를 보이고 있다고 본 것이 정론이라는 것을 알 수 있다.

"평생을 '시'라는 프리즘으로 인생을 바라보는 그 묵묵함은 하늘을 나는 새처럼 높아 보인다."고 한 배영애 평론가의 통찰에 나는 깊이 공감한다.

4.

이번 시집의 표제가 '여든의 하루를 사는 법'인 것은 '시대적 삶의 변화를 안고 단계적 상승의 변모'로 고지에 오른 시인정신을 함축하고 있기 때문일 것이다. 관조와 고백이라는 고전적 서정형식을 보여주는 시를 한 편 골라 살펴보고자 한다.

정확히 여든의 문짝 열리고
난감하게도 활짝 펼쳐져서
늦어도 바쁜 걸음이어야 하는
저승이 코앞에 다가든다

그러나 니네들 그거 알랑가 몰라
밀양이며 양산, 울산 그리고 삼천포
거제며 창원, 김해 등
골짝도 먼 뭍과 그 물 건너

우리 마음의 고향을 쌓아 나가다가
이젠 땡! 땡! 땡! 서른세 번의 종소리
가슴앓이 셈법으로 여든 살 성(城)을 쌓고
굳은살 옹이로 가슴을 치거늘

그 답답증에 눈은 침침하고
그 먹먹함에 귀는 막히고
팔다리 허리까지 시큰시큰
어떤 건지 니네들 알랑가 몰라

낡은 년(年)을 보내고 나면
종로 보신각에서 콧방귀 뀌는 소리
아, 새년(年)맞이도 소망이 아니니
니네들 이 깜깜을 정말 알랑가 몰라.

-「갑오(甲午)의 종소리」 전문

가장 최근, 갑오(甲午)의 해는 2014년에 지나갔다. 시인은 이 해에 우리 나이로 여든을 맞으신 것임을 알 수 있다. 여든은 산수(傘壽)라고도 하는데 우산 산(傘) 자를 파자(破字)해보면 여덟 팔(八) 자와 열 십(十) 자의 합성어이기 때문에 팔십을 뜻하는 것이라서 여든의 다른 이름으로 부른다고 한다.

인생의 고지에 올라서 저승까지를 바라보는 심경에 '먼 뭍과 그 물 건너' 마음의 고향을 둘러싼 여든의 성, 그 성문을 여는 새해의 종소리에도 이제 소망이 별게 아니라는 것을 너희들이 어찌 알겠느냐고 넌지시 묻는다. 그 의문 부정의 어조에는 달관의 울림으로 들려오는 종소리가 실려 있지 않을까?

우주적 수리 33에는 중생구제의 뜻이 담겨 있다. 새해맞이 종소리에 중생구제의 소망을 실어 보내지만 연말에는 회한이 쌓인 실망이 많다. 그래서 '새년맞이도 소망이 아니니'라는 역설과 '알랑가 몰라'라는 근원적 물음이 조응하여 서른세 번의 울림은 그 파장이 클 수밖에 없다.

이런 어조와 달관의 심경으로 호소력 있는 감회를 풀어내는 구절은 곳곳에 낮은 자세로 모습을 드러내고 있다. '아, 등 댄 이승과 저승/ 그 냄새 맡으러 내 여기 왔다(「새까맣게」)', '저승이 노상 그러하듯이/ 오늘의 이승은 무척 다르구나(「누워서 바라보면」)', '여든의 긴 나들이를/ 쉴 짬도 없이/ 흔들어 젖힌다(「풍경」)', '나는 오늘도/ 뒷짐을 지고/ 이승을 다 산 다음의/ 나를 불러 앉히는 일에 열중이다(「나를 불러 앉히는 일」)' 등, 산수(傘壽)에 산수(山水)와 같은 유현한 그늘에 기대어 하루를 사는 법은 나를 불러 앉혀서 내면을 바라보는 일에 열중함으로서 세상 풍파가 그냥 지나가게 하는 부동의 자세인지도 모르겠다.

5.

길은 땅의 길이건 바다의 길이건 하늘의 길이건 간에 사람이 가는 곳이 아닌 데가 없다. 가고 오면 길이 되고 길 위의 삶이 인생이다. 이번 시집에서 시인은 길에 대한 상념을 끝도 없고 숨어 있고 불확실한 인생의 길로 엮어내고 있다. 길이 길을 이어가기도 하고 그 끝을 보이기도 하고 되돌아가기도 하는, 그러나 아직 끝나지 않은 길, '끝도 없이 늘어선/ 숨어 있는 길의 흔적으로/ 넋 잃은 관객으로 우릴 불러들인(「길의 끝에서」)', '불확실한 삶이기에 늘 나를/ 길로 나서게 하는(「불확실의 길」)', '길을 따르라 했던가/ 잘 버리던 그 길(「누가 알기나 하랴」)와 같이 그 길 위에서 방황도 하고 두리번거리기도 하며 우리의 의미를 찾기도 한다.

옷을 털어 보이고
가던 길을 뒤돌아보면
언제나 제 집 앞 길이었음을
늦게나마 깨닫게 된다

모든 생각을 해방시켜
없었던 일도 찾아보면
높은 곳에 오른 듯
사물은 늘 제 모습으로 도드라지고. - 「거꾸로 보기」 전문 -

어디에나 있고 아무데도 없는 것이 길이라고 했던가. '모든 생각을 해방시켜/ 없었던 일도 찾아보면/ 높은 곳에 오른 듯' 보이지 않던 모습까지 다 드러나 보이는 곳에 이르러 깨달은 경지를 보여주고 있음을 알 수 있다. 그것이 바로 '사물은 늘 제 모습으로 도드라지고' 산은 산이요 물은 물이라는 것을 체득하여 숭고한 모습으로 드러나는 것이리라.

그 길이 마음 안에 있기에 '가던 길을 되돌아보면/ 언제나 제 집 앞 길이었음을/ 늦게나마 깨닫게 된다'고 한 것이요, 마음의 평정 속에서 나타나고 사라지는 모든 형상을 본래 모습 그대로 바라보는 반본환원(返本還源)의 깨달음이 아니고 무엇이겠는가. 도인(道人)의 길을 여러 측면에서 비추어보고 스스로 그 길의 끝에 서 보기에 시인의 인생행로가 여실하게 드러나 있고, '집중이요 몰입인 내 여로는/ 나의 발견(「불확실의 길」)'로 귀착된다는 것을 보여준다.

6.

이 시집에서 고인이 된 시인 세 분에 대한 추모의 시가 보인다. 황금찬, 진을주, 천상병 시인이 그들이다. 이 세 분 중에서 황금찬 시인과는 각별한 사이였다는 것을 동시대를 살아온 문인들이라면 아마 모르는 사람이 별로 없으리라 본다.

상남 선생님의 고희 문집에 황금찬 선생님이 올린 글을 보면, "누군가 내게 시를 가장 사랑하는 시인을 찾아달라고 한다면 나는 주저하지 않고 여기 이 시인이라고 말할 사람이 있다. 그가 바로 성춘복 시인이다." 라는 말씀과 함께 "시인이라고 다 시를 사랑하는 것은 아니다. 시인이 시가 되었을 때 비로소 사랑하게 되는 것이다."는, 상남 선생님에게 가장 잘 어울리는 말씀을 남겼다. 또한 인간관계에서 모범적인 신사도를 지켜나가는 시인임을 극구 칭찬하셨다.

두 분이 원래 선배를 존중하고 후배를 아껴주는 다정다감한 인격자였기에 상남 선생님은 여기 황금찬 시인을 추모하는 간곡한 마음의 정표를 남기고 싶으셨을 것이다.

우리 두 손 받들어
생명의 고귀함이며
깨우침마저 당신 곁으로
바짝 다가서려 하오니

선생님
몇 번을 거듭 잡아도
간절히 바라옵기에
맞받게 해주시고

또 아주 깔끔히
보태시어 다듬고
마냥 옆자리에
서 있게 해주셔요. -「고요 속의 시인」 부분

어찌 보면 두 분의 돈독한 우정이 저 세상까지 이어지길 바라는 간절함이요, 기도문이라고 해도 좋을 것이다. 「기도」라는 시에서는 '두 손 붙잡고/ 기도하는 사람의 모습으로/ 하늘만 올려다봅니다' 그러나 '하늘은…/ 언젠가는 나를 뿌리치며/ 큰 우레로/ 나를 내칠 듯합니다'라고 하늘을 우러러 기도하는 사람에게도 언젠가는 우레로 내칠 것임을 예감하면서 작은 위안의 토닥임이라도 받고자 하는 간절함만 간직하는 기도로부터, '더 없는 넓은 하늘로 둥둥 떠올라/ 한없는 시야도 넓히며/ 내가 서 있는 이곳의 자비로움도 감사해야지'에 이어서, '짐작도 안 되는 존재의 어설픔을/ 이래도 되는지 신세타령도 하면서/ 내 것이 전혀 없는 가난에 감탄도 해야지(「어느 날의 반성」)' 하는 허허롭게 탈속한 심경을 드러내고 있다. 다시 '기도'는 지고지순한 자애로움에 이른다. '세상의 가장 높은 지붕에 올라/ 단순한데로부터 신묘한 구석까지/ 초록의 아름다움을 얻게 하소서(「유월의 그날」)'에 모아지는 겸허한 자세가 이미 초월적 삼매에 들어가 있는 자비롭고 인자한 선인의 모습이 아니고 무엇이랴.

7.

감상문(感想文)으로 음미하고자 했던 의도가 어설픈 감상문(感傷文)이 되지 않았는지 염려스럽다. 또한 내가 이 시집에서 선별한 시행들은 부분부분 해체해서 인용하다보니 지극히 파편적인 감상의 일단에 불과하고 조악한 넋두리에 지나지 않았을지도 모른다는 염려까지 겹친다.

T.S 엘리엇이 "훌륭한 시인은 자신의 삶을 쓰면서 자기 시대를 그린다."고 했다. 어지럽게 굴곡진 시대를 지혜와 결기로 헤쳐 나오면서 문단의 길을 가다듬고 선도해온 상남 시인의 인생행로는 황금찬 선생님의 말씀대로 '시인이 시가 된' 삶을 살아온 길이었다고 할 수 있을 것이다. 말하자면 시대상이 반영된 자화상을 그려왔다고나 할까.

이 시집에 실린 작품들은 여든을 넘기고 인생의 긴 여정을 회고하면서 달관이라면 달관, 천진이라면 천진으로 삶의 깊은 곳에서부터 아득한 높이까지를 가늠하며 읊은 서사적 서정이 응축된 기록이라고 할 수 있다. 또한 고독함에서 구원의 길을 여는 상상력의 날개를 저 높은 하늘에 펼치며 지상의 낙원을 설계하기도 한 애틋한 희망의 송가라고도 할 것이다.

앞으로도 더욱 강건하시어 아무것도 구애받을 일 없이 유유자적 하시는 가운데 격조 높은 심회를 담담히 풀어내는 시심이 샘솟게 하시고, '단순한데로부터 신묘한 구석까지 초록의 아름다움'을 가득 채워나가시길 간곡히 기원하며 졸문을 마무리한다.

경계와 상징의 미학

– 성춘복론

박영배

(시인·문학평론가, 세명대 명예교수)

1. 시작하며

성춘복은 1958년 『현대문학』에 신석초 시인의 추천을 받으면서 문단에 첫걸음을 내딛었다. 이후 꾸준히 시작(詩作) 활동을 전개하면서 『오지행』(1965), 『복사꽃제』(1984), 『네가 없는 이 하루는』(1988), 『길 하나와 나는』(1990), 『혼자 부르는 노래』(1995), 『마음의 불』(2000), 『봉선화 꽃물』(2009), 『여든의 하루를 사는 법』(2019) 등 17권의 시집과 4권의 시조집을 상재하였다. 월탄문학상·한국시인협회상 · 한국문화예술대상·한국문학상 등을 수상하였으며, 예술원 전문위원과 한국문인협회 이사장을 역임하였다.

한 사람의 장구한 창작과정을 전반적으로 고찰하는 것은 결코 쉬운 일이 아니다. 문단에 나온 후 60여 년의 긴 질곡의 세월을 시인으로 살아오면서 줄곧 왕성한 창작활동으로 높은 문학적 성취를 이룬 성춘복의 경우에는 더욱 그러하다. 그는 시작 초기에 섬세한 서정의 가락으로 내면세계에 깊이 천착하였고, 절제성과 더불어 지적인 표현이 두드러진 경향을 보였다. 중·후기에 와서는 내면화된 인생의 의미와 참신한 이미지의 조형에 주력하면서 현대인이 가지는 번민과 고뇌를 지성적인 감각으로 조탁하였다. 그러나 다양한 시세계를 구축하면서 이루어낸 업적에도 불구하고 성춘복의 문학적 면모와 시적 여정의 의미가 독자들에게 온전하게 알려지지 않고 있다고 여겨진다.[1)]

예술작품이 여러 규범의 성층적인 체계로 이루어진다면 시는 기본적으로 언어와 작가의 의식으로 이루어진다고 할 수 있다. 시의 언어는 작가의 시적 경험을 토대로 다양한 이미저리(imagery)를 형성하고 시적 의미를 만들어낸다. 따라서 한 시인에 대한 이해는 이미지의 분석에서 출발한다.[2)] 이미지는 퇴적과 침식이 반복되는 시간과 공간을 감각적 순간을 통해 직조해내는 정서적 복합체로서 작가의 시적 특성을 설명하는데 매우 유효할 뿐만 아니라,[3)] 시적 언어의 구조적 분석을 통해 시의 심층을 이루는 작가의 사상과 그 세계관에 대한 해석의 실마리를 제공하기도 한다.

본고에서는 성춘복의 시에 나타난 이미지를 중심으로 이어지고 있는 시적 과정, 즉 시인이 구사하는 언어와 그 형식, 그리고 시편들을 관류하는 의식 등을 통해 그의 시적 특성과 세계관을 통시적 관점으로 고찰하고자 한다.

2. 시대성 갈등과 유폐의식

성춘복의 시작 활동을 시대성과 시적 여정에 초점을 두어 구분해보면 1960년대와 1970년대가 그의 시학 초기에 해당한다. 이 시기는 정치

---

1) 성춘복에 대한 주요 연구논문과 평론을 정리하면 다음과 같다.
  · 배영애, "성춘복의 시세계: 환상과 욕망의 숲에서 날아오르기"; 『수련어문논집』, 제26호, 수련어문학회, 2001.
  · 하현식, "시대적 상실감과 그 극복" ; 『문학시대』, 통권 제70호(신년호), 2005.
  · 여지선, "한국 장시의 역사적 상상력의 다층성: 1960년대 장시를 중심으로" ; 『우리말글』, Vol. 53, 우리말글학회, 2011.
2) 배영애, 위의 논문.
3) 이상오, 『경계와 여백』, 푸른사상사, 2011, 133쪽.

적 혼란으로 야기된 사회적 황폐함과 불안정이 젊은 시인이던 그에게 큰 영향을 주었다고 볼 수 있다.

60년대 성춘복 시학의 골격은 대체로 시대성에 대한 갈등으로 드러난다. 이는 60년대 초의 4·19와 5·16이라는 큰 사건을 위시한 정치적·사회적 난기류에 편승할 수밖에 없는 시인이 겪는 부정적 심상이며 간접적인 의미의 고발정신의 발로라고 볼 수 있다. 그만큼 이 시인의 시정은 시대의 암울함과 함께 그에 대한 개탄과 개선의 의지에 닿아 있는 것이다.[4] 실제로 이 시기 시인이 상재한 제1시집 『오지행』,[5] 제2시집 『공원 파고다』,[6] 제3시집 『산조』[7]에서는 공통으로 시대적 상실에 의한 유폐의식이 두드러지게 나타나고 있다. 먼저 첫 시집 『오지행』에 실린 시 몇 편을 살펴보자.

> 오지의
> 더욱 깊숙한
> 하늘은 둥글고
> 해 하나 중천에
> 떨어질 날이 없지만
>
> 빛으로 어두워진
> 내 눈은
> 사 방이 무너져
> 황홀을 볼 수가 없다
>
> 빛이여
> 눈이 따가운 언제나의 대낮에
> 안락의 그림자를 흘려
> 어두움을 내리고

---

4) 하현식, 위의 평론.
5) 성춘복, 『오지행奧地行』, 예문관, 1965.
6) 성춘복, 『공원 파고다』, 신서원, 1966.
7) 성춘복, 『산조散調』, 한국시인협회, 1970.

초라한 옷자락에도
선풍이 일어
고목도
바람의 갈대처럼
흔들게 하라

나그네여
가시일 줄 모르는
빛의 한복판
타오르는 오지에
내가 성장하듯
모든 것을 소생케 하고
빛을 거두어
나의 정원을 떠나게 하라.

—「오지奧地에서」 전문

시편 「오지에서」에 흐르는 전반적인 분위기는 몹시 어둡고 혼미하다. 오지(奧地)는 일반적으로 문명으로부터 격리된 지역으로서 갑갑하고 막막한 공간으로 풀이되는데, 이는 60년대의 시간적 공간의 피폐한 상황을 보여준다고 할 수 있다. 시적 자아는 "빛으로 어두워진 내 눈"이라든지 "어둠을 내"려 달라든가, 또는 "빛을 거두어/ 나의 정원을 떠나게 하라"며 '빛'을 부정하는 모습을 보인다. 이 언술에서 "오지의/ 더욱 깊숙한 하늘"에 "떨어질 날이 없"이 떠 있는 "해 하나"는 세상을 밝혀주는 선망의 대상이 아니고 오히려 내 눈을 어둡게 만들어 "황홀을 볼 수가 없"게 하는 것으로서 당시의 인습적이고 불가항력적인 피폐하고 어지러운 시대상을 역설적으로 표현하고 있음을 알 수 있다. 그러면서 화자는 "초라한 옷자락에도/ 선풍이 일어/ 고목도/ 바람의 갈대처럼/ 흔들"리는 몸짓으로 존재의 생존과 구원에 대한 희미한 의원을 내비친다.

시적 자아는 '빛'은 광명과 위안을 주기는커녕 자기를 괴롭히고 삶을 피폐하게 만드는 존재이기 때문에 오히려 '어둠'과 같이 아무것도 없는 무의 상태에서 새롭게 시작하는 것에 희망을 둔다. '어둠'이 모든 것을 다 지워내어 순수한 공간을 만들어주는 것이다. 이 단계에서 시인은 시대의 추악함과 순결함, 거짓됨과 순정함, 황폐함과 비옥함 등 서로 모순되는 공간 사이에 경계를 짓고 빛 대신 어둠을 세워 상태를 반전시키는 전략적 사유를 꾀한다. 고식적이고 관례적인 판단을 초탈하는 성춘복 시학의 지적 역동성이 빛을 발하는 순간이라고 할 수 있다.

나를 떠나보내는 강가엔
흐트러진 강줄기를 따라
하늘이 지쳐간다

(중략)

나를 떠나보내는 언덕엔
하늘과 땅 사이를 거슬러
허우적이며 가슴을 딛고 일어서는
내게만 들리는 저 소리는 무언가

(중략)

입김 가신 찬 동혈洞血을 지향하고
아픔을 참고 피를 쏟으며
나를 떠나보내는 강으로 이끌리어
되살아 오르는 게 아닌가

강 너머엔
강과 하늘로 어울린
또 하나의 내가 소리치며
짙은 어둠의 그림자로 비쳐 간다.

—「나를 떠나보내는 강가엔」 부분

옛 대륙을 건너면
생생하게 흐르는 강 저쪽에
우리가 알고 있는 모든 것이 멈추어 서

가냘픈 손으로도 가리킬 수 있는
피안의 꽃이 되었다

우리가 살 수 있는 유일의 세계로
이 땅의 연속이지만
너무나 선명하게 떠오르는
무지개며 별들의 신선한 꿈으로
빛나고 있는 강의 힘으로
노를 젓는다

(중략)

언제나 변함없는 강의 소리는
과거와 현재
이 불행한 비만의 강을 따라
영화의 꽃
미래와 함께
무딘 노櫓를 잡는다

끊임없이 풀려져 사라져가는
스스로를 안고
들끓는 소란의 옆
옛땅과 피안을 잇는
망각된 기억의 강을 탄다
희망과 저주의 산
그 속에 변함없이 살아간다.

—「도강록渡江錄」 부분

60년대 시대적 상실감으로 침체와 갈등의 늪에서 허우적거리던 성춘복 시학은 조금씩 그 허황함에서 벗어나려는 의욕을 드러낸다. 그러면서 '그림자', '고독', '저주' 등의 유폐의식으로 표현되는 이 어둡고 불안한 현실을 초월하려는 욕구는 이상적인 삶을 지향하는 새로운 자아의 발견으로 이어진다. 시적 자아는 "나를 떠나보내는 강가에서" 자기 내부로부터 "가슴을 딛고 일어서는" 희망의 메시지를 감지하며 서서히 지금의 고통에서 벗어나려 애쓰는 자신을 느끼게 된다. 그리고 이와 같은 변화는 "입김 가신 찬 동혈을" 마다하지 않고 "아픔을 참고 피를 쏟으며" 현실과 맞서면서 인내해야만 얻어진다는 사실을 깨닫는다. 시인은 이제 시대의 암울함 속에서 자신의 존재성을 의식하며 시대와의 갈등을 극복하려는 의지를 보이기 시작한다.

「도강록」에서 시인은 희망의 세상을 향한 속내를 더욱 적극적으로 드러낸다. 직접 노를 저으며 "옛 땅과 피안을 잇는/ 망각된 강을" 타면서, "영화의 꽃"인 "미래와 함께/ 무딘 노를 잡"고 고통의 현실을 넘으려고 한다. 시인은 「나를 떠나보내는 강가엔」에서와 같이 여기서도 강의 이미지를 통해 현실을 극복하려는 자세를 취한다. 시인에게 강은 삶과 죽음의 영역으로 흘러드는 유동적 공간으로서,[8] 삶과 죽음 사이에 경계를 지으면서 고통의 이쪽 현실과 꿈의 저쪽 세계를 이어줌으로써 자아를 고통의 질곡에서 벗어나게 해주는 열쇠이자 진정한 자아를 바라볼 수 있도록 매개해주는 연결자의 존재로 다가오는 것이다.

한편, 『공원 파고다』는 월탄문학상을 수상한 작품집으로 20연의 장시(長詩) 한 편으로 이루어졌다. 이 시는 '파고다 공원'이라는 상징적 공간, 즉 과거와 현재를 담보하는 역사적 공간을 설정하여 '손녀', '노인', '팔려온 처녀' 등 다양한 군상들을 불러내며 문제해결을 시도한다.

『공원 파고다』의 공간적 배경이 된 '파고다 공원'은 사적 제354호로서 오늘날의 탑골공원을 일컫는다. 파고다 공원은 역사적으로 많은 시련을 겪은 곳이다. 무엇보다 파고다 공원은 3·1운동의 중심공간이다. 그러나 1960년대 지금, 이곳이 꽃도 피지 않고, 나비도 날아오지 않는 '빈혈의 땅'이 되었다는 것은 결국 3·1정신이 훼손되었음을 시사한다. 정신의 쇠락을 공간의 황폐화로 은유하면서 3·1운동의 정신마저 퇴락한

8) 배영애, 위의 논문.

60년대의 정신풍토를 시인은 개탄하는 것이다. 여지선은 60년대에 발표된 한국의 대표적 장시 몇 편을 비교하면서 『공원 파고다』는 전반적으로 허무주의 색채를 띠고 있으나 미래에 대한 전망을 포기하지 않는 노력을 하고 있다고 분석한다.[9)]

> 하늘만큼이나 한 열매의
> 나무에 다가설 때
> 위대한 발견자가 되지만
> 나는 어디에 있는가
>
> 디딜 수 없는 마당으로
> 떨어져 내리는 내용
> 창조創造와 더불어 숨져가서
> 나의 무덤은 어디에 있는가
>
> 다시 조그만 죽음이던 내가
> 동요動搖 가운데 앉아
> 무관심했던 주인을 찾을 때
> 메아리처럼 보였던 숨결
>
> 나의 피
> 나의 소생蘇生은
> 어디에 있는가
>
> 바람을 등지고
> 바람과 함께 이야기하며
> 바람을 부둥켜안고
> 다시 태어날 나의 뜻은
> 또 어디 있는가.
>
> —「전생轉生」 전문

성춘복은 70년대에 들어오면서 시대적 상실감에 대한 극복의 자세를

9) 여지선, 위의 논문.

좀 더 분명하게 드러낸다. 시인 자신도 "우리의 매우 으스스했고 복잡함을 드러낸 듯 미묘함을 잔뜩 품고 있었다"[10]고 하면서, 60년대의 그러한 상황을 안고 태어난 시집 『산조』를 계기로 시대적 갈등에서 벗어나려는 의지를 강하게 드러낸다.

가령, 「모닝커피」란 시편에서 "새벽은/ 솟는 것이 아니라/ 녹아 떨어진 검은 연기의/ 깊이로써 살아오른다"면서 새로운 날은 그냥 오지 않고 깊은 고뇌와 절망으로 나를 모두 태워버린 후에나 얻을 수 있는 것이라고 말하며 자기구원을 향한 강한 의지를 내보인다든가, 「출발」에서는 더는 참을 수 없게 "목구멍까지 차오르는/ 무거운 바다가 돌아온다면/ 즐겨 문을 밀고 나가/ 거꾸로 서서"라도 오랫동안 남몰래 지펴온 "세찬 뿌리의 불길을 뿜으"면서 반기려는 준비가 되어 있음도 보여준다.

그의 시대성 극복 의지는 「선경의 나무」, 「합죽선」, 「3월」 등 여러 시편에도 드러나고 있는데, 이러한 의식 내지 내적 지향은 위에 예시된 시편 「전생」에서 더욱 총체적·변증법적으로 구체화 된다. 이 시편에서 시적 자아는 "나는 어디에 있는가", "나의 무덤은 어디에 있는가", "나의 소생은/ 어디에 있는가"라고 물으며 과거-현재-미래로 이어지는 자기의 존재를 계속 확인해 나간다. 시인은 처절함과 애수를 곁들인 감상적 레토릭으로 호흡을 휘몰아치듯 몰고 감으로써 그 절박함의 심상을 강화한다. 그러나 죽음의 강을 건너야만 만날 수 있는 새로운 생명에 대해 답을 던져 줄 존재는 신밖에 없다는 것을 알고 있다. 마지막 연에서 시적 자아는 "다시 태어날 나의 뜻은/ 또 어디에 있는가"라고 거듭 절규하면서 시대적 암울함에 절망하며 빌고 빌었던 '전생(轉生)'의 의지가 무력하다는 사실을 확인할 뿐이다. 이처럼 다시 태어나고픈 몸부림에도 불구하고 시대적 절망에서 벗어나지 못한 60년대의 시간적 의미는 구원받을

10) 성춘복, 『산조散調』, 한국시인협회, 1970, 「서문」.

수 없는 좌절의 낭떠러지였음을 이해할 수 있다.

성춘복은 이후 1980년대 초까지 10년이 넘는 세월을 한 권의 시집도 상재하지 못한 채 침묵 속에 깊이 침잠한다. 여기에는 여전한 시대성에 의한 상실감이 큰 몫을 차지했겠지만, '시쓰기'에 대한 또 어떤 절망적 상황이 70년대의 그를 강하게 짓누르고 있었음을 유추하게 만든다.

3. 사유의 경계, 그 상처 위의 진술

1) 허무의식과 자아성찰

『산조』 이후 긴 공백기를 가진 성춘복은 제4시집 『복사꽃제』[11]로 다시 모습을 내보인다. 그는 13년 만에 상재한 이 시집에서 '파고다 공원'이라는 역사적 현장성을 '꽃의 축제'의 의미로 환치하고 있다. 이러한 노력은 파고다 공원의 역사적 비극성과 그 아픔을 시인의 개인적 갈등과 대치하고 깊이 인식함으로써 가능해진다. 시대적 갈등의 골을 깊게 하고 개인적 고통과 맞닿게 하여 시적 의미를 강화하는 것과 같은 시적 표현이라고 할 수 있다.[12] 그의 시에서 서서히 어둠에서 밝음으로 나가는 기척으로서 고통의 질곡을 벗어나려는 의지로 이해할 수 있을 것이다.

시인 자신도 시집 『복사꽃제』의 상재와 관련하여 "시집을 갖지 못한 지난 기간 나는 가장 참담한 것에 몸을 붙이고 있었다. 나는 무엇을 해야 할지, 어떻게 살아야 하는지를 잊은 듯하다. 침체의 늪에서 나를 건져 올리는 한 작업으로서 『복사꽃제』에서는 서정적인 데에 바탕하여 사랑을 통한 자기구원을 꾀하면서 시의 구조적 측면과 언어 및 율격을 재조명하여 보고 싶은 나름의 노력을 시도하면서 사고의 분열로부터 다소

11) 성춘복, 『복사꽃제祭』, 서문당, 1984.

12) 성춘복, 『성춘복 공책』, 지혜네, 2005, 238쪽.

나마 자신을 지키겠다는, 즉 시적 본연의 생태를 통하여 진솔과 윤기를 더하고 자아(自我) 및 대아(對我)의 관계를 정립하여 감동의 세계로 이르는 길을 찾아보려고 한다. 이는 나 자신에게로 돌아서는 바로 그 몫이라 믿기 때문이다"[13]고 말하며 시적 고뇌의 늪에서 헤어나고픈 심경을 숨기지 않는다.

묵은 잠을 일구는
밭은 숨소리가
말발굽으로 달린다
젖은 바닷바람과 함께

생애를 마감하고
거듭 시작을 보이는
매듭의 끝가지를 타고
꽃이 심한 기침을 해댄다

우리들의 마음보다 더 얕게
무릎으로 지쳐가는
바닷가 안개,
그 풋풋한 텃밭

한동안의 신기루,
어떤 불로도 지울 수 없는
빛의 한가운데
꽃은 튀어오른다

단숨의 재치로운 걸음으로
바다와 바람과 안개가
꽃을 밀어 올린다
복사꽃밭의 꽃을.

—「복사꽃제祭」 전문

---

13) 성춘복, 위의 시집(1984), 「서문」.

성춘복은 시집의 표제로 삼은 시편 「복사꽃제」에서 서정으로의 복귀를 꾀하면서 감동의 세계로 이르는 길을 찾으려는 의원을 드러낸다. 전체로는 서정적인 시어들과 율격으로 내면의 감성을 표현하면서 "생애를 마감하고/ 거듭 시작을 보이는/ 매듭의 끝가지를 타고/ 꽃이 심한 기침을 해댄다// 우리들의 마음보다 더 얕게/ 무릎으로 지쳐가는/ 바닷가 안개,/ 그 풋풋한 텃밭"이라며 나(자아)와 꽃(대아)의 관계를 설정해 놓고, "한동안의 신기루,/ 어떤 불로도 지울 수 없는/ 빛의 한가운데/ 꽃은 튀어오른다"고 외치면서 황량함과 고통 속에서 힘차게 비상하는 자신의 모습을 바라보는 것이다.

그는 최근 한 문예지와의 대담에서 '시를 왜 쓰는가, 시란 무엇인가, 현대시의 문제점은 무엇이며 올바른 방향은 어떠해야 하는가'에 대해 말하면서 『복사꽃제』 이후 확고하게 지켜오고 있는 자신의 이러한 서정적 시사상 내지 세계관의 일단을 내보이기도 했다.14)

시 쓰기란 매우 개인적이고 고독한 작업입니다. 그렇기에 잠재적인 것이 있게 마련이고, 또 시인이라는 고답적인 원칙을 지켜나가야 합니다. 시간이나 공간에 구애받음이 없이 언어와 지역, 혹은 그 민족적 정체성까지 뛰어넘어 초월적인 자리에 새 삶을 세우는 것입니다. 그리하여 신비로운 대체세계로 다시 새로운 우주를 일으키는 일을 우선에 놓습니다. 근대 이후 우리의 시가 실험성과 지나친 사회성 또는 압살하려고 드는 고집스런 시대성을 대변하는 일만으로도 다른 한편으론 본질을 잃고 있다는 것에 무관하지 않습니다. 감성과 서정의 본질은 시인이 하고자 하는 원망의 뜻과 그렇도록 구성한 시적 요소가 어떠해야 한다는 점에 유의할 수밖에 없습니다. 따라서 시의 논객들 역시 이런 관점에서 충분히 작가로서의 상상력을 동원해 시를 읽어야 하고 또 비평해야 합니다. 한정 없이 미궁으로 빠져들고 있는 한국 시단의 현실에서 더 이상의 언어적 직설성, 난잡성, 요설성, 추상성 등에 막연히 매료되어서는 안 됩니다. 문학이란 다른 분야와 마찬가지로 자기 나름의 독특한 체험을 가지고 함축과 상징의 언어를 구사해야 하는데, 멋대로의 언어를 멋대로의 독자가 확대 전파시키는 일은 현대 시단의 고질적인 병폐입니다. 만일 잘못된 것이 있고, 옳지 않은 길을 향하는 인생이 있다면 그것을 아무리 음미해본들 무슨 소용이 있으며 어떤 값어치를 얻을 수 있겠습니까.

---

14) 스토리문학, "존재 가치와 의미부여: 성춘복 시인", 『스토리문학』, Vol. 60, 2009년 8월호.

70년대의 혼란의 시기에 긴 침체에 들었던 성춘복 시학은 80년대 초반에 이르러 그토록 찾아 헤매던 빛의 줄기를 보게 된다. 그는 "이 시점에서 시란 무엇일까, 어떤 것이 시적인 것인가 하는 오랜 의문을 풀어보기 위해 지금까지 침잠되고 응결되었던 시적 세계를 바깥으로 끌어내어 펼쳐보는 시험을 해보고 싶었고, 『복사꽃제』를 통하여 연가(戀歌)로서 그 일단의 막을 잡아 보려 했으며, 그런 노력을 계속하면서 어려움의 세계를 푸는 쉬운 시에의 한 지향으로 내 속의 것과 바깥을 이어보자는 셈을 통해 알몸을 심판받고 싶었다"[15]고 하면서, '바깥세상'을 그 내면의 확신을 위한 정신적 공간으로 인식하기에 이른다.

그래, 그럴 듯 하데요
전생前生의 어디선가
한차례 꼭 만난 것 같은
카라카의 한 처녀
꽃레이 걸어주며
내 목 껴안고 입을 맞추데요

춤도 함께 추자기에
손 붙들어 세우고
있는 대로의 옷 벗어 팽개치며
맨발에 알몸 되어
잔디밭을 뒹굴다가
전생의 바로 그 길목쯤
빤히 내 눈 속 들여다보데요

까맣다 못해 파란 불길 도는
바다의 여신女神
분명 내 뒤를 야금야금 따라온
당신의 겉옷도 앗아 던져버리고
나와 더불어 누벼 다니게 하데요

---

15) 성춘복, 『바깥세상에 띄우나니』, 혜진서관, 1985, 「서문」.

그래, 그렇대요
수수만 년 붙어 다니다가
예까지 흘러들어
〈구운몽〉의 어느 대목
남과 남이 되어서
새까맣게 잊은 듯
우린 춤을 추었대요.

—「하와이에서 추는 춤」 전문

참담과 황량함뿐인 저 다난한 시대에 방황과 배회로 시적 갈등을 달래던 시인은 『복사꽃제』로 축제 한 마당을 펼치면서 '사랑'과 '유년'과 '신앙'의 뿌리를 통하여 침체의 늪으로부터 자아를 구원하고자 하는 의도를 드러냈고, 이런저런 주관적인 아집과 그에 대한 정체를 탈하기 위해 마침내 바깥세상으로의 여정을 결단하기에 이른다. 이에 대해 하현식은 성춘복 시의 국수주의적 경계는 때로 모국을 결코 떠날 수 없는 자의 편견에 있다고 하는 골도니(Carlo Goldoni)의 언질을 연상케 만들고 있으나 이미 이국땅을 섭렵하면서까지 모국을 떠나지 못하는 이 시인의 사유는 바깥세상에서의 새로운 문명이나 상황의 발견에 따른 감동에 기인하는 것이 아니라 바깥세상을 통한 더욱 투철한 자아의 확인과 성찰에 결연되고 있음을 포착하게 된다고 지적한다.[16] 성춘복에게 바깥세상은 침몰하지 않고 회복을 가능케 하는 '나의 시정신'과 그에 대한 신념을 재확인할 수 있는 우리 밖의 장소로서 진정한 시적 자아를 바라보게 해주는 기능으로 작용하는 것이다.

제5시집 『바깥세상에 띄우나니』에 실린 「하와이에서 추는 춤」은 시인의 이러한 사유 특성을 잘 보여준다. '전생', '인연', '만남' 등과 같은 불교의 윤회의식으로 시작하는 시는 "〈구운몽〉의 어느 대목"으로 진하게 채색되어 있는 동양적 자아를 다시 확인하면서, "카라카의 처녀", "파란

16) 하현식, 위의 평론.

불길 도는 바다의 여신"조차도 "겉옷도 잇아 던져버리고/ 나와 더불어 누벼다니게" 하면서 나의 '당신'으로 승화시키고 있다. 이는 엑조티시즘(exoticism)을 무화하면서 이국적 정서나 정취에 탐닉하지 않고 시인의 무장되어 있는 정신이 밖에서도 짙게 발양될 수 있음을 보여주는 진솔한 자기규명적 진술이라고 할 수 있을 것이다.

누가 없느냐
누가 없느냐

(중략)

네가 달아난 길의 끝에서
성냥개비 마구 그어대며
어두운 내 눈 밝히듯
낯선 문 두드리나니

—「빈집을 향하여」 부분

눈 내려 막힌 길
구름 속을 헤매다가
낯선 집 흔드나니

(중략)

바람 불어 물살 일 듯
날 새면 풀솜 같고
길 밖은 저승이라

"이리 오너라
이리 오너라"
부름소리뿐이러니.

—「문 앞에서」 부분

넋이려니
피 토하도록 마시는

술이려니

(중략)

손만 들어 올려도
가슴 밀어붙이는
아프고 쓰린 병

(중략)

보이지 않기에 설움 잊고
닿지 못하기에 살고 싶은
비굴의 내 욕심

이승을 달아나는 서글픔
내 넋이려니
어져, 살아가는 일이여.

—「이승 벗어나」 부분

돌아가는 길은
가본 적 없는 낯선 곳
나이 먹은 사람이 우는
서글픔 짊어지고
그 깜깜의 속을
사랑의 사람아
나는 가고 있다

(중략)

애써 말린 그대의
꽃잎 하나에 감겨
탓하지 못할 마음이게
사랑아
내 그 길 눈감고 가마.

—「심정적心情的」 부분

80년대 성춘복 시학에서 풍기는 전반적인 분위기는 개인적 욕망에서 시작된 내적 성찰과 허무의식, 그리고 삶에 대한 간절함이라고 할 수 있다. 이는 제7시집 『네가 없는 이 하루는』17)에서 특히 두드러진다. 가령, 시적 자아는 학정과 기아를 견디지 못해 죽음을 무릅쓰고 국경을 넘는 난민이나 생사를 오가는 중환자처럼 삶에 대한 절실함으로 "낯선 문"을 두드리며 "누가 없느냐/ 누가 없느냐"(「빈집을 향하여」), "이리 오너라/ 이리 오너라"(「문 앞에서」)고 부르짖는다든지, "보이지 않기에 설움 잊고/ 닿지 못하기에 살고 싶은/ 비굴의 내 욕심// 이승을 달아나는 서글픔/ 내 넋이려니/ 어져, 살아가는 일이여"(「이승 벗어나」)라며 뒤늦게 깨닫게 된 자신의 어리석음을 서글퍼하면서, "깜깜한 속"인 그 "낯선 곳"에 대해 두려움을 느끼면서도 "사랑의 사람아/ 나는 가고 있다// 아 사랑아/ 내 그 길 눈감고 가마"(「심정적」)라고 소리치며 "가본 적 없는" 그곳으로 향하고 있는 애끓는 속내를 숨기지 않는다. 이처럼 이 시기 성춘복의 시편에는 집시의 자화상을 보여주면서, 성찰 뒤의 깊은 허무와 절망이 함축적으로 드러나며,18) 미지의 삶에 대한 심절함이 상징화된 외경의 뜻과 함께 짙은 호소력으로 이어지고 있다.

바람이었네, 천둥이었네
가슴 깊은 모래펄을 쓸고 가는
가을밤의 폭풍이었네

고목 사이 손을 뻗으면
새 한 마리
슬퍼도 울지 않는 둥지였네

빗소리였네, 어둠이었네

17) 성춘복, 『네가 없는 이 하루는』, 현대문학사, 1988.
18) 박이도, "집시의 자화상" ; 성춘복, 위의 시집(1988), 「해설」.

뱃머릴 흔드는
사나운 흐름이었네

곤히 잠들었던 내 출항지
한 방울의 파문으로도
가라앉으려 하네

바람은 없었네, 어둠은 없었네
썰물과 밀물에 들고 날
나의 길은 없었네.

—「폭풍의 노래」 전문

이 시기 성찰과 간절함의 정조를 가장 잘 드러내고 있는 시편으로 제6시집 『꽃잎 띄운 물 마신 듯』[19]에 실려 있는 「폭풍의 노래」를 들 수 있다. 시적 자아는 "바람"과 "천둥"과 "가을밤의 폭풍"이었고, "슬퍼도 울지 않는 둥지"였으며, "빗소리"와 "어둠"과 "사나운 흐름이었"다며 지난날을 술회하면서 "한 방울의 파문으로도 가라앉으려고 하는" 지금의 자기 처지를 내보인다. 그러면서 마지막 연에서는 도리어 "바람은", "어둠은", "썰물과 밀물에 들고 날/ 나의 길은 없었"다면서 앞의 말을 부정하는 모습을 보인다. 지적(知的) 뉘앙스를 짙게 품고 있는 이 시편은 어휘의 낭비 없이 절제가 두드러지며, 4연까지 내보인 강한 긍정을 마지막 연에서 슬며시 부정함으로써 과거에 품었던 의지를 되살리면서 동시에 생애의 허무함을 자각하고 각성하는 모습을 도출해내고 있다.[20] 또한 과거 지향으로 오늘의 위치를 확인하면서 앞으로의 새로운 삶에 대한 간절함을 반어적으로 끌어냄으로써 여운의 감동을 발산하는 서정의 참멋을 보여준다.

80년대는 성춘복에 있어서 연가(戀歌)를 통해 '시 쓰기의 오류'를 바로

19) 성춘복, 『꽃잎 띄운 물 마신 듯』, 융성출판사, 1986.
20) 박이도, 위의 「해설」(1988).

잡으면서 서정으로 복귀하려는 자신과의 싸움을 뜨겁게 벌인 시기라고 할 수 있다. 이 과정에서 그는 전통과 시대성 사이에 경계를 짓고 '언어 및 율격의 창출'이라는 발걸음으로 어둠에서 밝음으로 가는 '전략적 담 넘기'를 시도한다. 이 기간에 상재한 『복사꽃제』, 『바깥 세상에 띄우나니』, 『꽃잎 띄운 물 마신 듯』, 『네가 없는 이 하루는』 등 네 권의 시집 여기저기에서 '꽃'과 '미포(尾浦)'와 '바다'와 '바깥세상'과 '바람'과 '천둥'과 같은 시어들이 이러한 의도를 상징적으로 표출한다.

2) 자기구원과 형식의 파행

자아의 성찰을 통해 시대성 극복을 위한 단초를 마련한 성춘복은 90년대에 들어서면서 '자기회복'을 향하여 강한 집착을 보인다. 그는 이제 자신의 시 쓰기에 대해 "나의 주된 관심은 '너'와 '나'에 있으며, '너'는 내 존재의 의의를 새롭게 하고 오늘 나를 삶이게 일으켜 세워주는 버팀목 역할을 하는 것이고, 그 없이는 나의 실존에 아무런 뜻도 값도 주어지지 않게 된다"[21]면서 나의 새로운 너를 찾아가기 위한 구도의 '길 떠남'을 시작한다.

바라보며 바라보며
보다가 숨소리 뜨거워지는
피리소리 아슴한 이승의 덤불
너의 나라로 가리

―「먼 나라」 부분

봄물 같은 파도가 일렁이는
녹두빛 바다를 보기 위해
난 알렉산드리아로 갔다

---

21) 성춘복, 『그리운 죄 하나만으로도 나는』, 문단, 1992, 「서문」.

(중략)

카이저와 크레오파트라 가街가 얽어대는
낯선 전차길 위
두 마리의 당나귀가 끄는 낡은 마차 앞에서
나는 소리쳐 물었다

"바다 넘어 내 고향은,
내가 갈 곳은 어디냐"

—「알렉산드리아 가는 길」 부분

오, 시여, 시인이여
어둠이여, 칠흑 같은 죽음이여
비로소 굳어버린 무덤이여, 돌조각이여
예까지 나를 이끈 헛됨들이여.

—「보들레르의 무덤 앞에서」 부분

시인의 길떠남은 제8시집 『길 하나와 나는』,[22] 제9시집 『그리운 죄 하나만으로도 나는』,[23] 그리고 제10시집 『혼자 부르는 노래』[24]에서 구체화된다. 위의 시편들에서 보여주듯이 시적 자아는 길 떠남의 여정에서 "먼 나라"인 "너의 나라"로 가면서, '알렉산드리아'에서 내 고향을 물으며 애타게 미래의 처소를 찾기도 하고, 보들레르의 무덤 앞에서는 주검의 실체를 확인하고 욕망의 헛됨을 한숨으로 탄식하기도 하지만 "길은 늘 비어 있어/ 빈 길을 나는 채우며 간다// 어린 날로부터 걸음마를/ 걸음마는 다시 달음질로/ 그래서 나는 낯선 길을 찾아 나선다// 쉰도 넘어 예순 가까이/ 그 다음도 열심히 찾아다닐 이 길/ 마음터로 깔아놓은 내 자리이다"라고 하면서(「길로 나서며」), 이 낯선 길의 떠남이 자신을 찾기

22) 성춘복, 『길 하나와 나는』, 신원문화사, 1990.
23) 성춘복, 위의 시집(1992).
24) 성춘복, 『혼자 부르는 노래』, 마을, 1995.

위한 것임을 강하게 암시한다. 그리고 이러한 언술은 시에서 일인칭 시적 자아인 '나'로 구체화 됨으로써[25] 자기구원을 향한 강한 열망으로 발현한다.

있는 대로 구멍을 내어도
몸뚱이는 모자라
발꿈치를 돋우고 목 뽑아
냅다 소리를 칩니다
궁
　상
　　각
　　　치
　　　　우
겨울은 너무도 쉽게 와서
등걸마다 눈바람
가쁜 숨소리에 웃고름 터져
그만 알몸이 됩니다
　　　　우
　　　치
　　각
　상
궁.

—「퉁소」 전문

나는 바람에 실려가는
□ 구름

너는
푸르다 못해 물들어버린
하늘 □□

오늘
너는 들판으로 나앉고

25) 배영애, 위의 논문.

나는 당국화의 목놓은 가을이 되거니.

—「오늘 나는」 전문

90년대 성춘복 시학에서 또 하나 눈여겨보아야 할 것은 종래의 글쓰기 방법과 시적 양식에서 벗어나고자 하는 몸부림이라고 할 수 있다. 이러한 열망은 주로 제11시집 『헤적이기 〉 해작이기』[26]에서 극명하게 나타난다. 시인은 여기서 스스로 '파행'이라고 부르는 '시형식의 풀어헤침과 변형'이라는 파격적인 시도를 통하여 자아의 회복과 진정한 비상을 위한 바람을 실천적으로 보여준다.

시인은 피카소가 스케치한 그의 연인 테레즈 발터의 뜨개질하는 모습, 그 그림 속에 마구 난도질한 직선과 곡선의 연속체가 수십 년 뒤에 시로 쓴 커밍스(Edward E. Cummings)의 퍼즐로 연출된 것을 예로 들면서, 복잡하고 난해한 추상화도 선 대신에 몇 단어로 형상화하면 이해하기가 쉬워진다고 말한다.[27] 즉, 한결같이 간단한 선과 언어의 조직은 철저하게 단순화하였기 때문에 어려운듯하나 이해의 끈만 잡으면 그 의미가 선명해진다는 것이다. 커밍스의 시는 네모반듯한 사각의 공간 속에 단어 몇을 수직으로 나열하여 마치 글자가 떨어져 내리는(하나의 상태로 나뭇잎이 떨어지는) 모습을 하고 있다. 이 단어들은 하나(one), 외로움(loneliness), 홀로인 나(I-ness)라는 뜻을 지니지만, 실은 엄청난 철학이 내포되어 있어 큰 놀라움이 된다. 이 놀라움은 천둥의 시각적(빛, 번쩍임)인 것이 번개의 청각적(소리)인 것으로 바뀌어 엄청난 표상으로 나타나게 된다.

위에 예시된 시편 「퉁소」에서 시적 자아는 자신의 꿈틀거리는 욕망을 "발꿈치를 돋우고 목 뽑아/ 냅다 소리를" 치며 드러내 보지만, "너무도 쉽게" 반복되는 겨울과 같은 혹독함으로 그 욕망은 채워지지 않고 결국

---

26) 성춘복, 『헤적이기 〉 해작이기』, 마을, 1996.

27) 성춘복, "내 편안과 안도의 길을 위한 모색" ; 『월간문학』, Vol. 605, 2019년 7월호.

알몸뿐인 자신만을 보게 된다. 시인은 그런 삶의 공허함을 '퉁소 소리'로 상징화하여 회화적으로 표현하고 있다. 이러한 회화적인 표현주의는 자족적 언어에 갇혀 폐쇄적 완결성에 안주하는 서정시의 미학주의와는 달리 완결된 전체성을 어그러뜨려 흘러내리거나 빠져나오거나 파고드는 사물의 경계를 드러내 사물과 주체의 외부를 향한 시선을 열어둠으로써[28] 시적 상징의 효과를 높이는 효과가 있다. 시인의 이와 같은 실험은 「실족」, 「록키산의 온천욕」, 「아내를 돌려보내며」 등의 시편으로 이어진다.

시편 『오늘 나는』에서는 빈 사각 형태의 도상기호를 사용하여 가시적인 '빈자리'의 언어로 표현하면서 시적 상상력을 끌어올리는 동시에 언술의 시각적 효과를 고조시킨다. 빈자리로 묘사된 '구름'과 '하늘'은 형용할 수 없이 변화무상한 자연계의 모습으로 여기서 무엇인가를 찾아내는 일은 독자의 몫이기도 하다. 그리고 시인은 시에 이 빈자리를 들여놓음으로써 이것이 자신의 이상적 공간임을 암시하면서 일반적인 표현방법을 일탈하는 모습으로 현실의 어떤 상태에서 벗어나려는 의지를 상징적으로 보여 준다.

성춘복은 자신의 이러한 '형식의 파행' 의도와 관련하여 "참으로 많은 무너져 내림, 떨어져 내림, 터져버림, 그리고 낡고 삭아 자신이 허물어져 버린다는 허망조차 잊고 사는 까막기억들, 그 이유를 바깥으로만 돌리고 있는 큰소리들에 앞서 우리들의 정신구조에다 초점을 맞추고 싶었다"고 토로하고 있다.[29] 이에 대해 배영애는 현대의 시인들은 규격화되고 조직화된 세계에 도전하게 되고 세계의 감추어진 추악함과 무질서, 그리고 자기 내면의 추악함이나 모순을 스스로 폭로하려 할 때 탈승화의 시적 장치가 필요하게 된다고 하면서,[30] 성춘복의 경우에도 종전과

28) 이상오, 위의 책, 123쪽.
29) 성춘복, 위의 시집(1996), 「서문」.

는 다른 그림과 도상기호, 시행의 일탈로 새로움을 추구하는 노력을 보게 되지만 이러한 시형식의 변이가 사회적 모순이나 부정적 인식, 또는 고발정신을 표방하기 위한 것이 아니고 자신의 정신적 깊이와 인간의 구속적인 삶의 테두리에서 날아오르기 위한 노력이 드러난 것이라고 해석한다.[31)]

한편, 시형식의 풀어헤침은 작금의 글쓰기 사고와 그 방식에서 벗어나 언어의 낭비를 막고 시적 깊이를 더하려는 하나의 전략으로도 볼 수 있는데, 이러한 시도는 제12시집 『혼자 사는 집』[32)]에서 나타난다. 가령 시편 「죽음」에서는 시적 자아가 살아온 삶이 네모의 공간으로 묘사된다. 공간 속의 삶은 소망으로 살아있는 꿈과 뒤집힌 죽음으로의 꿈이 엉켜 있는 모습이다. 그리고 이들 꿈 사이에 단단히 못질해놓음으로써 다시는 헛된 꿈들이 들어서는 것을 용납하지 않는다. 현실의 복잡한 삶에 묻혀 살아온 시인은 이렇게 단순한 그림과 도상기호를 이용해 그 삶을 "깡그리 다져/ 반듯하고 단단하게 꾸민/ 다음 아주 천연한 잠을 청"하면서 죽음으로 익어가는 삶을 꾸밈없이 받아들이며 이제는 죽음조차도 초월하는 모습을 진솔하게 보여준다. 시인의 이런 심상은 둥근 원으로 묘사하고 있는 시편 「꿈」에서도 동일한 방식으로 드러난다.

4. 편안과 안도의 길

90년대에 극심한 내면적 방황과 시형식의 파행적 실험을 거치면서 풀어헤침의 경지를 체험한 성춘복 시학은 이제 '알몸의 나무'로 자유로운 존재로서의 사유와 함께 인생과 삶에 대한 관조의 시세계를 구축하

30) 김준오, 『현대시의 환유성과 메타성』, 살림, 1998, 91쪽 재인용.
31) 배영애, 위의 논문.
32) 성춘복, 『혼자 사는 집』, 마을, 1998.

기에 이른다.

결코
좋은 것만 얻어
가질 수도 없는
황당함이라니.

—「인생에서 얻은 것」 전문

그 누구도 모르게
널 훔쳐보다가

들킨 듯
부끄러운 입맞춤

마른 가슴 적시는
간음姦淫의 어여쁨이사

두려움보담 눈이 더 부셔
늘 나는 이 봄을 운다.

—「함께 숲을 보며」 전문

위의 시편은 제13시집 『마음의 불』33)에 실려 있는 단시(短詩)들이다. 시편 「인생에서 얻은 것」에서 시적 자아는 "가질 수 없는/ 황당함"이라며 나이가 들면서 깨닫게 되는 욕망의 부질없음을 반어적으로 담담하게 진술하면서 읽는 이에게 큰 울림을 주고 있으며, 「함께 숲을 보며」에서는 봄으로 표현된 젊은 시절을 그리워하는 마음을 아름다운 시어에 담아 노래하면서 어떤 의미로 받아 읽어도 감흥을 주는 상징성의 마력을 발산한다.

2000년대 성춘복의 시에서 보이는 특징적인 면은 시가 짧아졌다는 것이다. 시인은 "나이 들면서 시는 짧아야 하고 감흥스러워야 한다고 늦게나마 깨달았다"고 겸허하게 말하고 있는데,34) 이는 본고에서는 제외

33) 성춘복, 『마음의 불』, 마을, 2000.

되었지만 2000년 이후에 상재한 9권의 시집 중 시조집이 4권이나 포함되어 있다는 것과도 무관하지 않다고 생각된다.[35)]

경주 외동리
박목월 시인의 도화꽃 피던 곳엔
눈썹 같은 달이 뜨고

(중략)

보문호 맑은 물살이
내 마음 헹궈내면

(중략)

내 마음의 고향은
이곳의 밤하늘
나를 더욱 밝히려 드네요.

—「신라의 달밤」 부분

「신라의 달밤」은 시조집인 『내 안 뜨거워』와 같은 해에 상재한 제17시집 『봉선화 꽃물』[36)]에 실려 있는 시편이다. 외지에서 오랫동안 쓸쓸하게 고단한 삶을 꾸려나가는 사람이 고향을 그리워하는 것은 당연한 일일 것이다. 화자는 "경주 외동리/ 박목월 시인의 도화꽃 피"는 그곳을 그리워한다. 그는 "물을 청하니/ 팔모반상에 받쳐 들고 나오네/ 물그릇에/ 외면外面한 낭자의 모습// 반은 어둑한 산봉우리가 잠기고/ 다만 은은한 도화 한 그루/ 한 가지만 울넘으로/ 령嶺으로 뻗쳤네."라고 노래하는, 바로 가슴 속에 깊숙이 심어둔 목월의 「도화 한 가지」[37)]를 떠올렸을 것이다. 그러면

34) 성춘복, 위의 시집(2000), 「서문」.
35) 성춘복의 시조집으로는 『부끄러이』(2004), 『그림자놀이』(2005), 『내 안 뜨거워』(2009),
『반백년의 나들이』(2013) 등이 있다.
36) 성춘복, 『봉선화 꽃물』, 마을, 2009.
37) 이남호, 『박목월 시전집』, 민음사, 2003.

서 "눈썹 같은 달이 뜨"는 "내 마음의 고향은/ 이곳의 밤하늘/ 나를 더욱 밝히려" 든다면서 자신의 시의 고향을 '순수의 궁극', 목월의 그 시정신에 두고 있음을 숨기지 않는다. 성춘복은 최근에 상재한 제20시집 『십삼월의 뜰』[38]에서도 「신라의 무덤 하나 일으키며」, 「쇳물」 등 여러 시편에서 그와 같은 '시의 고향의식'을 언뜻언뜻 내비친다.

연사흘
금빛 탑 아래서
나도 어쩔 수 없는 꿈이었습니다

찬연한 종탑 아래
맨발이어야 극진하다기에
믿음의 내 가부좌는 공양이 되었고

얕은 담장 밑으로
한정없이 퍼담은 천성의
내 항방은 계속 이어지기 십상이어서

지금도 나는 꿈속
아무런 자락이라도 끌어안고
황금덩이가 되어야 한다는

아, 이 밤과 다음다음날도 또한
천방지축 낯선 길만 찾다가
노랗게 황금으로 물들고 싶은 소망이었습니다.

—「미얀마의 황금기도」 전문

성춘복의 시편에서 종교적 색채를 보는 것은 낯설지 않다. 그러나 그것은 신앙으로서의 종교가 아니라 시적 자아가 지향하는 데로 인도하는 길잡이 또는 절대적 조력자로서의 존재라고 할 수 있다. 그러므로 그

38) 성춘복, 『십삼월의 뜰』, 마을, 2015.

대상이 경우에 따라서는 하느님이기도 하고 부처님이 되기도 한다. 『십삼월의 뜰』에 실려 있는 「미얀마의 황금기도」에서 화자는 부처님 앞에 맨발로 예를 갖추면서 "어쩔 수 없는 꿈"이었던, "지금도 나는 꿈속"에서조차 "황금덩이가 되어야 한다는", "노랗게 황금으로 물들고 싶은 소망"이 허황한 것이었음을 고백하며 욕망을 해체하는 모습으로 스스로를 구원한다. 시인은 「말씀의 그분께」, 「노을빛」, 「나무의 꿈」 등 시편에서도 이러한 자기구원 의원을 간곡하게 진술하고 있다.

지금 시인은 '편안과 안도의 길'에 서려고 한다. 이 길은 복잡 미묘한 현실의 시각적, 물리적, 또는 정서적 관념까지 꿰뚫고 나와서 허식이나 장식을 걸치지 않은 알몸으로 드러나는 시를 쓰는 일로서,[39] 시인이 평생에 걸쳐 치열하게 추구해온 시적 지향이라고 할 수 있다.

> 정확히 여든의 문짝 열리고
> 난감하게도 활짝 펼쳐져서
> 늦어도 바쁜 걸음이어야 하는
> 저승이 코앞에 다가든다
>
> 그러나 니네들 그거 알랑가 몰라
> 밀양이며 양산, 울산 그리고 삼천포
> 거제며 창원, 김해 등
> 골짝도 먼 뭍과 그 물 건너
>
> 우리 마음의 고향을 쌓아 나가다가
> 이젠 땡! 땡! 땡! 서른세 번의 종소리
> 가슴앓이 셈법으로 여든 살 성城 쌓고
> 굳은살 옹이로 가슴을 치거늘
>
> 그 답답증에 눈은 침침하고
> 그 먹먹함에 귀는 막히고
> 팔다리 허리까지 시큰새큰
> 어떤 건지 니네들 알랑가 몰라

---

39) 성춘복, 위의 글.

낡은 년年을 보내고 나면
종로 보신각에 콧방귀 뀌는 소리
아, 새년年맞이도 소망이 아니니
니네들 이 깜깜을 정말 알랑가 몰라.

—「갑오甲午의 종소리」 전문

60년대의 시대성에 대한 환멸과 갈등, 70년대의 좌절과 방황, 80년대와 90년대의 내적 성찰과 변화의 몸부림, 그리고 자기 확신을 위한 낯선 바깥세상으로의 장구한 여정에서 쉼 없이 넘나듦의 경계를 만들면서 걸러낸 짙은 상징성과 순수성으로 자기만의 서정을 창조해온 시인은 "이제는 꽤나 긴 세월이 흘러 창밖으로 보낸 시선도 설렘이 되고, 진작 버렸던 것도 떠남의 아쉬움으로 남아 헤아릴 도리가 없고, 우리라든가 시대라는 말 따위도 버렸으니, 자신의 삶이나 그런저런 자전적(自傳的)인 데로 시선이 옮아가는 것도 순리인 모양"40)이라고 담담하게 말한다.

그러면서도 시적 자아는 제21시집 『여든의 하루를 사는 법』에서 어느결에 앉혀놓은 또 하나의 경계 위에 스스로 보신각 종소리로 서서 "니네들 그거 알랑가 몰라", "니네들 이 깜깜을 정말 알랑가 몰라"라고 외치며 먼 여행길에서 동행했거나, 잠시 만났거나, 의미 없이 부딪쳤거나, 스쳐 지나간 모든 대상에게 애틋한 눈빛으로 지나온 날들을 희롱하듯 말을 건네고 있다. 평생을 시가 되어 걸어오며 달관에 이른 노시인의 여유와 다정함이 '봄이 오는 길목'에 '벗은 나무'로 서서 들렌 듯 푸르게 나부낀다.

5. 끝내며

성춘복의 시세계를 그 시적 특성과 세계관을 중심으로 살펴보았다. 성춘복 시학은 시작 활동 초기의 극심한 시대적 갈등과 침체를 거친 후,

40) 성춘복, 『길 밖에서』, 마을, 2013, 「서문」.

중기에는 서정으로의 복귀를 결행하면서 형식의 파행 및 길 떠남을 통해 욕망을 털어내며 자아성찰과 자기구원을 꾀하였고, 후기에 와서는 자유로운 존재로서의 사유와 함께 관조적인 시세계를 구축하면서 자신의 시적 지향인 '편안과 안도의 길'로 들어섰다고 생각된다.

성춘복 시인은 최근 한 문예지에 실은 글에서, 자신의 전감각과 정신력과 지적인 장비로 무장한 완전한 인간, 즉 '옹근 사람'으로서 지(知)와 정(情)과 의(意)가 집약되어 원만하고 조화로운 품격을 지닐 때만이 시인은 창조적 위상으로 남다르게 되며 비록 시력을 상실한 사람이라 할지라도 그 마음만 잃지 않는다면 달리 제공되는 감각기능에 의하여 작가적 소임을 훌륭히 소화해 낸다는 것을 강조하면서, 시란 다른 누군가의 내부에 자신과 비슷한 상태의 존재를 세우는 일로 자기 시의 목표를 세우고 추상화가 곧 단순화라는 다소의 특성을 갖고 다의적인 통찰을 통하여 진정한 삶의 동의어에까지 도달하고자 노력함으로써 복잡 미묘한 시각적·물리적 또는 정서적 관념까지 꿰뚫고 나와서 허식이나 장식도 걸치지 않은 알몸으로 드러난다고 힘주어 말하는데,[41] 이는 몇몇 논문과 평론에서 다난한 시적 여정을 거친 성춘복 시학의 특성을 치밀한 감수성을 통한 시어의 상징성과 연상성, 그리고 정제된 순수성에 두고 있는 것과 맥락을 같이한다고 할 수 있다.

주지하는 바와 같이 칸트(Immanuel Kant)는 경험주의와 합리주의를 절충·통합하는 입장에서 인식의 성립 조건과 한계를 확정하고 형이상학적 현실을 비판한다. 그는 감성(感性)이 없으면 어떠한 대상도 우리에게 주어지지 않을 것이고, 이성(理性)이 없으면 어떠한 대상도 사유되지 않는다면서 경험과 합리의 관계를 설명한다. 내용 없는 사고는 공허하고, 개념 없는 직관은 맹목이라는 것이다.[42] 시인 성춘복은 이러한 감성과

41) 성춘복, 위의 글.
42) 박이문, 『사유의 열쇠』, 산처럼, 2004, 135-137쪽.

이성을 절충적으로 포섭하는 선험적 인식을 바탕으로 전통과 시대성 사이에, 어둠과 밝음 사이에, 삶과 그 너머 사이에, 나와 너 사이에, 안의 나와 밖의 나 사이에 끊임없이 사유의 경계를 앉히고, 다양한 상징들을 불러들여 자아가 해체된 신비롭고 초월적인 대체세계로서 서정적 창조물을 생산해왔다고 할 수 있다. 성춘복의 시세계에는 이렇게 경계의식과 상징성으로 조탁되어 현현하는 서정의 순수미가 큰 강줄기로 면면히 흐르고 있으며, 시편 하나하나에서 그 고통스러운 사유의 터널을 지나온 뒤의 진한 체취가 배어난다.

시인 성춘복에 대한 이런저런 호의적인 평가에도 불구하고 주목되는 그의 많은 시편들이 아직 제대로 조명되고 있지 못한 측면이 있다. 뛰어난 시라고 평가는 하지만 그것이 '어째서', '어떻게' 뛰어난지에 대한 충분한 담론을 거치지 않고 작품의 표층에 드러나 있거나 내포적인 서사만을 다루면서 시적 효과의 수준에 그치는 경우가 대부분이다. 따라서 향후에는 시인의 작품 외적인 사정과 배경에만 의지하기보다는 작품의 구조와 문법과 독자로의 소통경로를 면밀히 살펴봄으로써 그 효과를 설명해내고 하나의 시가 지니는 가치를 설득하는 방향으로 논의가 이루어지기를 기대해 본다.

|| 생애 연보

▸ 아호 상남尙南, 내산萊山

1936 음력 3월 14일(호적에는 12월 10일로 등재) 경북 상주시 화남면 소곡리에서 아버지 성부귀(成富貴) 어머니 윤학술(尹學述)의 3남 2녀 중 장남으로 출생

1942 부산 공생유치원, 수정소학교 수학

1949 부산중학교 입학
개천예술제 등에 참가
문학동인 '용광로' 등 주제

1952 부산공고 입학

1955 성균관대학교 국문학과 입학
'주간 성대'(성대 신문) 기자
'에튜데' 등 동인에 가담

1958 『현대문학』지에 신석초 선생에게 초회 추천받음

1959 성균관대학교 국문학과 졸업(박종화, 조윤제, 김구용 선생 사사)
『현대문학』지에 2차 추천받음
을유문화사 편집부 입사(~1969)

1960 『현대문학』지에 3차 추천받음, 문단에 등단
(천료 작품: 「어항 속에서」, 「벽화」, 「나를 떠나보내는 강가엔」 등 3편)

1963 '시단(詩壇)' 동인회 결성(이형기, 박재삼, 신동엽, 문덕수, 유경환, 최원, 송영택 등)

1965 첫 시집 『오지행(奧地行)』 상재

1966 제2시집 『공원 파고다』 상재
시집 『공원 파고다』로 월탄문학상(제1회) 수상

1969 삼성출판사 편집국장(~1976)

1970 제3시집 『산조(散調)』 상재
1971 서라벌예술대학 문예창작과, 중앙대학교 예술대 출강(~1978)
1972 성균관대학교 출강(~1994)
1974 한국문인협회 이사(~2000)
한국시인협회 상임위원
1976 편집·기획회사 '우문사' 자영(~1980)
1978 한국단편문학 및 문학선집 기획회의
세계시인대회 한국위원회 사무차장
1979 노벨문화사 상임이사(~1982)
한양대학교 출강(~1984)
국제PEN클럽 한국본부 이사(~2005)
중화민국 태평양기금 초청으로 대만 여행(조병화, 김요섭, 김혜숙 등 동반)
1980 일본 '地球' 시문학 페스티벌 참석
세계시인대회 한국위원회 사무국장(~1991)
1981 샌프란시스코 세계시인대회 참석(조병화, 김정우, 전규태, 최원규, 김영태, 김후란 등 동반)
일본 북해도 시동인 '核' 초청으로 북해도 일주
1982 마드리드 세계시인대회 참석(조병화, 최화국, 유경환, 김원중, 김양식, 박정희 등 동반)
문화공보부 후원 인도, 리비아, 프랑스 등지 순방(황금찬, 김여정, 김윤식 등 동반)
1983 대한민국5예술원 전문위원(~1990)
1984 제4시집 『복사꽃제(祭)』 상재
동포문학상 본상(제1회) 수상
마라케시 세계시인대회 참가(박태진, 조병화, 박명용, 유경환 등 동반)
한국해외문학심포지움 주제(스위스 인터라켄)
1985 제5시집 『바깥 세상에 띄우나니』 상재
한국문인협회 시분과회장(~1991)
코르푸 세계시인대회 참가

1986 제6시집 『꽃잎 띄운 물 마신 듯』 상재
한국시인협회상 수상
피렌체 세계시인대회 참가
마드라스 인도 시인대회 참가
1987 계간 『시대문학』 주간(~1988)
방콕 세계시인대회 참가
명예문학박사 취득(세계문화예술아카데미, 샌프란시스코)
국제PEN 스위스 루가노 대회 참가
로테르담 국제시낭송회 참가
1988 푸에르토리코 국제PEN 대회 한국대표로 참가(이근삼 씨 동반)
제7시집 『네가 없는 이 하루는』 상재
1989 한국문인협회 상임이사(~1991)
계간 『시대문학』 발행인 겸 편집인
시선집 『떠돌이의 노래』 상재
1990 제8시집 『길 하나와 나는』 상재
제1회 한국문인협회 해외문학상 시상(LA)
시와 그림 전시회 '성춘복의 하루'(예총화랑)
1991 제2회 한국문인협회 해외문학상 시상(북경, 연길)
1992 제9시집 『그리운 죄 하나만으로도 나는』 상재
한국문인협회 부이사장 피선
한국예총 이사 피임
한국문화예술대상(문학부문) 수상
성균문학상 수상
1993 국제PEN문학상 수상
SBS 문화재단 이사(~2000)
1994 타이페이 세계시인대회 참가
리스본 시낭송회 참가(조병화 동반)
1995 제10시집 『혼자 부르는 노래』 상재

1996 서울시문화상 수상
제11시집 『혜적이기〉해작이기』 상재
예술단체 총연합회 부회장
1998 한국문인협회 이사장(~2001)
제12시집 『혼자 사는 집』 상재
2000 제13시집 『마음의 불』 상재
LA 해외문학 심포지엄
한·일 문예교류(도쿄 시낭송회)
2001 평론집 『화두와 때깔』 발간
2002 『문학의 집·서울』 상임이사
2004 제14시집 『부끄러이』(시조) 상재
2005 고희문집 『공책』 발간
제15시집 『그림자놀이』(시조) 상재
2008 어머니 윤학술 여사(92세) '예술가의 장한 어머니상' 수상
2009 제16시집 『봉선화 꽃물』 상재
제17시집 『내 안 뜨거워』(시조) 상재
2013 제18시집 『길 밖에서』 상재
제19시집 『반백년의 나들이』(시조) 상재
한국문학상 수상
2015 제20시집 『십삼월의 뜰』 상재
2018 진을주문학상 수상
2019 제21시집 『여든의 하루를 사는 법』 상재
『문학시대』 창간 33주년, 『문학시대 동인사화집』 30집 발간 기념
'문학시대인회 시화전 및 상남 선생을 위한 헌송회'(문학의 집·서울)
2020 시선집 『폭풍의 노래』 상재
2023 상남문학상 제정

‖ 작품 연보

▸시집

제1시집 『오지행奧地行』, 예문관, 1965.
제2시집 『공원 파고다』, 신서원, 1966.
제3시집 『산조散調』, 한국시인협회, 1970.
제4시집 『복사꽃제祭』, 서문당, 1984.
제5시집 『바깥 세상에 띄우나니』, 혜진서관, 1985.
제6시집 『꽃잎 띄운 물 마신 듯』, 융성출판사, 1986.
제7시집 『네가 없는 이 하루는』, 현대문학사, 1988.
제8시집 『길 하나와 나는』, 신원문화사, 1990.
제9시집 『그리운 죄 하나만으로도 나는』, 문단, 1992.
제10시집 『혼자 부르는 노래』, 마을, 1995.
제11시집 『헤적이기〉해작이기』, 마을, 1996.
제12시집 『혼자 사는 집』, 마을, 1998.
제13시집 『마음의 불』, 마을, 2000.
제14시집 『부끄러이』(시조), 마을, 2004.
제15시집 『그림자놀이』(시조), 마을, 2005.
제16시집 『봉선화 꽃물』, 마을, 2009.
제17시집 『내 안 뜨거워』(시조), 마을, 2009.
제18시집 『길 밖에서』, 마을, 2013.
제19시집 『반백년의 나들이』(시조), 소소리, 2013.
제20시집 『십삼월의 뜰』, 마을, 2015.
제21시집 『여든의 하루를 사는 법』, 마을, 2019.

▸시선집

『떠돌이의 노래』, 도서출판 서울, 1989.
『폭풍의 노래』(공저), 마을, 2020.

▸평론집

『화두와 때깔』, 지혜네, 2001.

▸문집

고희기념문집 『성춘복 공책』, 지혜네, 2005.

▸수필집

『무엇이 우리를 울게 하는가』, 오상출판, 1985.
『우리를 슬프게 하는 것들』, 해문출판, 1989.
『예술가의 삶』, 혜화당, 1993.
『어느 날 갑자기』, 지혜네, 1998.
『보이지 않는 세상』, 교음사, 2001.
『길을 가노라면』, 소소리, 2007.

▸청소년 도서, 기타

『소월에게 띄우는 편지』, 국민문고사, 1969.
『편지는 이렇게』, 마을문고, 1979.
『대지를 밝힌 횃불』, 새마을문고중앙회, 1985.
『젊은이들이여 우리 함께 떠나 보자』, 국민문고간행회, 1986.
『공짜로 떠난 바다여행』(공저), 자유지성, 2003.

시 제목으로 찾아보기(가나다 순)

성춘복시전집 · 1

시 제목으로 찾아보기(가나다 순)

성춘복시전집 · 2

성춘복시전집 · 2

1판 1쇄 인쇄/ 2023년 12월 10일
1판 1쇄 발행/ 2023년 12월 10일

지은이 / 성 춘 복
엮은이 / 우 희 정
펴낸곳 / 도서출판 소소리

등록 / 제300-2007-21호
주소 / 03073 서울 종로구 성균관로 5길 39-16
전화 / 765-5663, 010-4265-5663
e-mail: sosori39@hanmail.net
www.sosori.net

값 35,000 원

*잘못된 책은 바꿔드립니다.

ISBN 979-11-5891-193-5 03810